経営戦略理論史

編著
坪井 順一
間嶋 崇

学文社

執　筆　者

＊坪　井　順　一　　文教大学情報学部教授（第1・2・3・4・6・8章）
＊間　嶋　　　崇　　広島国際大学医療福祉学部医療経営学科講師（第7・14章）
　宇田川　元　一　　長崎大学経済学部准教授（第16・18章）
　髙　木　俊　雄　　沖縄大学法経学部専任講師（第9・15章）
　福　原　康　司　　専修大学経営学部准教授（第10・13章）
　小　酒　井　正　和　　玉川大学工学部マネジメントサイエンス学科専任講師（第11・17章）
　吉　村　泰　志　　帝塚山大学経営情報学部准教授（第5・12章）

（＊は編者）

はじめに

　昨夏，わが家の軒先にスズメバチが巣を作ろうとしていた．まだ作りかけであったため，女王様には悪いが，彼女の留守を見計らってその巣を取り払い，わが家は事なきを得た．このスズメバチをはじめとしてわれわれがよく目にするハチの多くは，決まった時期になると，雌バチがそれまで住んでいた巣を離れて新たに巣をつくり，子育てをはじめる．この雌バチのことを創設バチという．やがて生まれた子は，自らは子を産まず，働きバチ（ワーカー）として，餌集めや子育て（ワーカーにとっては妹弟育て），巣の防衛などを引き受け，一方，創設バチは，女王バチとして産卵に専念するようになる．つまり，繁殖のための分業をするようになるのである（このことを繁殖カスト，労働カストという）．このワーカーたちの利他的行動（自らは子を産まずに女王バチのために働く）は，厳しい自然の中で，一族の血，つまり血縁を適応させる（繁殖，生存，繁栄を成功させる）ための彼女らハチたちの戦略だと考えられている（このような血縁の適応を包括的な適応という）．

　このように，自ら，あるいは血縁の繁殖・繁栄を成功させるための環境に適した行動の選択を適応戦略という．上述した繁殖の分業以外にも餌の探索・選択，交尾などの性行動，羽化のタイミング，活動時間・期間など，彼らの繁殖・生存のためのあらゆる行動がこの適応戦略に当たり，これらは，長期にわたる学習の産物として形成維持されていく．なかでも適応度が高い戦略は，他の戦略を排除し，世代をも超えて継続的に安定して採用されていく．

　霊長目ヒト科に属するわれわれもまた，他の生物同様に繁殖・生存，繁栄のために適応戦略を駆使している．そして，その「人」の営為たる企業組織もまた，その生存，成長，繁栄のために戦略を駆使する．ただ，生物の戦略が長期的な学習の結果，言い換えればミンツバーグ（Mintzberg, H.）のいうところの

図表0−1 ミンツバーグの10の分類

スクール	概　要
デザイン・スクール	コンセプト構想プロセスとしての戦略形成
プランニング・スクール	形式的策定プロセスとしての戦略形成
ポジショニング・スクール	分析プロセスとしての戦略形成
アントレプレナー・スクール	ビジョン創造プロセスとしての戦略形成
コグニティブ・スクール	認知プロセスとしての戦略形成
ラーニング・スクール	創発的学習プロセスとしての戦略形成
パワー・スクール	交渉プロセスとしての戦略形成
カルチャー・スクール	集合的プロセスとしての戦略形成
エンバイロメント・スクール	環境への反応プロセスとしての戦略形成
コンフィギュレーション・スクール	変革プロセスとしての戦略形成

出所）Mintzberg, H., Ahlstland B., and J. Lampel, *Strategy Safari: A Guided Tour through the Wild of Strategic Management,* The Free Press, 1998.（斎藤嘉則監訳『戦略サファリ―戦略マネジメント・ガイドブック―』東洋経済新報社，1999年, pp.5-6）を参考に作成

「実現されたパターンとしての戦略」であるのに対し，人間の主体的営為である企業組織の戦略は，「実現されたパターン」としてのみならず「意図されたプランとしての戦略」という，より意図的で主体的，計画的なものであることがしばしばである．本書の議論の対象は，その企業組織の戦略研究，すなわち経営戦略に関する研究であり，またそれら戦略研究自体の歴史的文脈への適応戦略である．

　今日，日本社会（とりわけ日本経済）は，失われた10年であるとか，戦略不全症候群に陥っているなどといわれている．そして，企業の経営実践あるいは経営「学」のなかで「戦略」が重要なファクターあるいはキーワードと位置づけられるようになっておよそ40年強が経つなかで，その「戦略」という用語は，なかば日常用語化し，それゆえその本来の意味が見失われつつある．今こそ，「戦略」とはいったい何なのか？をあらためて検討すべき時に来ているのではないだろうか．本書の目的は，その経営戦略，そして経営戦略論をあらためて理解するための導きの糸となるべく，経営戦略論の諸学説を検討（各戦略

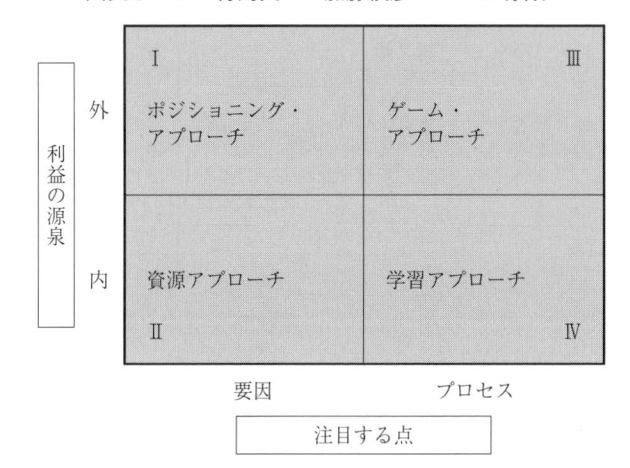

図表0−2　青島矢一・加藤俊彦の4つの分類

	要因	プロセス
外（利益の源泉）	I ポジショニング・アプローチ	III ゲーム・アプローチ
内	II 資源アプローチ	IV 学習アプローチ

注目する点

出所）青島矢一・加藤俊彦『競争戦略論』東洋経済新報社，2003年，p.26参照

論の登場の経緯，各論の分析枠組み，現代的意義について）することにある．

　本書は，この目的を達成するために，全3部で構成されている．近年，経営戦略論は，その理論の乱立（ジャングル化あるいはサファリ化）に伴ってか，さまざまな研究者たちによって分類，整理が試みられている．なかでも，ミンツバーグの10の分類や青島矢一・加藤俊彦の4分類は有名である（**図表0−1，0−2参照**）．本書は，それらを参考にしつつも，各理論登場の歴史的背景・文脈（それはあたかも生態学的ニッチのようなものである）と経営戦略論の歴史的変化（それはあたかも生物たちと同様の長期的な学習と適応の過程のようなものであろうか）を際立たせるため，そして偉大なる先人の理論のそれぞれを詳細に検討するために，あまり細かい分類をしていない．本書では，戦略論の諸説をおおよそ時系列的に，非常に単純に3つに区分するにとどめており，それがそのまま本書の構成となっている（**図表0−3参照**）．まず第1部の経営戦略論前史は，経営戦略理論生成に影響を与えた軍事戦略理論とその歴史を1つの区分としている．次に第2部の成長と競争の戦略論は，低成長時代における企業組織の成

図表0—3　本書の区分と展開

第1部	第2部	第3部
経営戦略論前史	成長と競争の戦略論	戦略論の多様化
経営戦略論生成に影響を与えた軍事戦略論の歴史	低成長時代における企業組織の成長や競争のための意図的なプランあるいはポジショニングとしての戦略論とその歴史	戦略論の多様化の時代．それまでの主流が見落としてきた戦略のさまざまな側面に関する学説とその歴史

長や競争を目的としたどちらかというと客観的な指標を駆使した意図的・計画的なプランあるいはポジショニングとしての戦略に関する研究が多くなされた1960-1980年代を1つの区分としている．最後に第3部の戦略論の多様化は，それまでの主流が見落としていた研究，たとえば戦略の創発性や戦略を打つべき環境の認識，戦略を実行するためのマネジメント・システム，戦略の生成プロセス（戦略化）などが研究される1990年代以降（一部それ以前からの研究も含まれている）を1つの区分としている．また，この第3部に区分された研究は，その研究の着目点の所為か組織論と限りなく融合したものが多いのも特徴である．ちなみに本書で取り上げる理論は，各時代，そして今でも（これからにおいても）大きな影響をもっている（いるであろう）ものを本書執筆担当者間で検討して決定した．

　各理論の内容とともに，その歴史的文脈や理論の変化をあらためて理解することで，戦略とはいったい何なのか？そして今，日本企業には何が必要なのか？といったことの思考の礎を築く端緒に本書がなったとしたならば，執筆者一同，この上ない幸せである．

　本書執筆に当たり，多くの方々にご助言，叱咤激励をいただいた．とりわけ，各執筆担当者の博士後期課程の指導教授である櫻井通晴先生，高澤十四久先生，廣田俊郎先生，加藤茂夫先生，高橋正泰先生には，本書を執筆する上での礎を叩き込んでいただいた．この場を借り厚く御礼申し上げる．とは言え，

もちろん，本書における議論内容に関する責は，編集者 2 名にあることはいうまでもない．また，本書を作るきっかけをくださった学文社の田中千津子様，編集担当のスタッフには，改めて感謝したい．執筆に試行錯誤し，みなさまには大変な負担をおかけしてしまった．お詫びと共に心より厚く御礼申し上げる次第である．

2008 年 3 月

坪井順一・間嶋　崇

目次

はじめに

第1部 経営戦略論前史 ──────────────────────── 1

第1章 戦略論の原点 ▶孫 子 ──── 3
第1節 背景と問題意識 3
第2節 理論的フレームワーク ―戦略論の真髄― 4
第3節 現代的意義 6

第2章 近代戦略理論のバイブル ▶クラウゼヴィッツ ──── 8
第1節 背景と問題意識 8
第2節 理論的フレームワーク ―合理的戦略― 9
第3節 現代的意義 11

第3章 戦略的組織の成功者 ▶モルトケ ──── 13
第1節 背景と問題意識 13
第2節 理論的フレームワーク ―臨機応変の体系― 14
第3節 現代的意義 16

第4章 間接戦略理論 ▶リデル・ハート ──── 18
第1節 背景と問題意識 18
第2節 理論的フレームワーク ―間接的アプローチ― 19
第3節 現代的意義 21

第2部　成長と競争の戦略論 —————————————— 25

第5章　組織は戦略に従う　➤チャンドラー, Jr. ——— 26
第1節　背景と問題意識　26
第2節　理論的フレームワーク　—経営戦略と組織構造—　28
第3節　現代的意義　36

第6章　過渡期の経営戦略論　➤スタイナー ——— 41
第1節　背景と問題意識　41
第2節　理論的フレームワーク　—初期の製品市場戦略—　42
第3節　現代的意義　50

第7章　製品—市場戦略と戦略経営の父　➤アンゾフ ——— 52
第1節　背景と問題意識　52
第2節　理論的フレームワーク　—全社戦略の4つの構成要素と戦略経営—　54
第3節　現代的意義　62

第8章　戦略情報システム論の体系化　➤アンソニー ——— 64
第1節　背景と問題意識　64
第2節　理論的フレームワーク　—戦略情報システム論の体系化—　66
第3節　現代的意義　72

第9章　経営戦略の策定と遂行　➤アンドルーズ ——— 74
第1節　背景と問題意識　74
第2節　理論的フレームワーク　—経営戦略とゼネラル・マネジャー—　75
第3節　現代的意義　82

第10章　市場分析と事業の多角化　➤ヘンダーソン＝BCG ——— 85
第1節　背景と問題意識　85
第2節　理論的フレームワーク　—経験曲線とPPM—　89
第3節　現代的意義　96

第11章　競争優位のためのポジショニング　➤ポーター ——— 100
第1節　背景と問題意識　100
第2節　理論的フレームワーク　—競争優位のポジショニング—　102
第3節　現代的意義　110

第12章　戦略は組織に従う　➤マイルズ＝スノー ——— 114
- 第1節　背景と問題意識　114
- 第2節　理論的フレームワーク —戦略行動のパターン— 116
- 第3節　現代的意義　124

第3部　戦略論の多様化 ——————————————————— 129

第13章　戦略の非合理性と創発性　➤ミンツバーグ ——— 130
- 第1節　背景と問題意識　130
- 第2節　理論的フレームワーク
  —コンフィギュレーションとトランスフォーメーション— 135
- 第3節　現代的意義　141

第14章　組織も戦略も制度的環境に従う
　　　　　➤マイヤー＝ローワン，ディマジオ＝パウエル ——— 147
- 第1節　背景と問題意識　147
- 第2節　理論的フレームワーク
  —組織の正当性と合理化された神話への同型化— 150
- 第3節　現代的意義　155

第15章　持続的競争優位性の獲得とRBV（Resource Based View：資源ベース理論）　➤バーニー ——— 159
- 第1節　背景と問題意識　159
- 第2節　理論的フレームワーク —資源と持続的競争優位性— 162
- 第3節　現代的意義　167

第16章　戦略とジレンマ　➤クリステンセン ——— 171
- 第1節　背景と問題意識　171
- 第2節　理論的フレームワーク —イノベーションのジレンマ— 172
- 第3節　現代的意義　181

第17章　戦略を業務上の言葉に置き換える　➤キャプラン＝ノートン ——— 184
- 第1節　背景と問題意識　184
- 第2節　理論的フレームワーク —戦略実行のマネジメント— 186
- 第3節　現代的意義　195

第18章　実践としての戦略
▶ウィッティントンらによる S-as-P 研究コミュニティ ─── 200
第1節　背景と問題意識　200
第2節　理論的フレームワーク ―プロセスからプラクティスへ―　201
第3節　現代的意義　209

索　引 ─── 213

[第1部]

経営戦略論前史

本書の目的は，経営戦略を戦略の種類として述べるのではなく，戦略理論史として，経営戦略論を展開した個々の理論や論者を中心に，その戦略を概括しようというものである．戦略理論の具体的な展開については，各論者の理論の概略の中で必要に応じて検討されているのでここでは触れないが，戦略はもともと軍事上の概念である．最近では経営戦略という表現で，経営学の領域でも市民権を得た感がある．しかし，以前から経営学の中で戦略的発想がなかったわけではない．従来は，経営計画論として，経営学の重要な部分を占めていた．経営計画論といい，経営戦略論といい，内容的に大きな差があるわけではない．ただ，経営戦略論という表現が経営計画論に取って代わった理由は，外部要因に対するニュアンスの差にある．後者は，外部環境に対して適応的であるのに対して，前者，戦略という表現は，外部環境に働きかけ，創造していくというニュアンスをもっているということである．また，経営戦略は，経営のあり方が競争の中に成立しており，競争相手に対してどのような形で競争優位を築くかが肝要であり，今日の経営環境が，ある種の擬似戦争状態を構築していることを示している．今日，競争概念は多様になり，ミンツバーグにいわせれば，それは10の学派にも分かつことができる．経営戦略の理論の検討を展開していく前に，軍事上の戦略概念を知っておくことも有益だと考え取りあげることにした．第１部では，歴史上著名ないくつかの軍事上の戦略を取り上げた．軍事戦略理論の主たるものは，生きるか死ぬか，勝つか負けるかだけではなく，いかに戦わずに負けないかという哲学的な意味をもち．単なる兵法書ではないところが特徴である．

　これらの理由から軍事上著名な戦略概念を理解することで，戦略のもつ本来の意味を理解することを目的とし，戦略に関する文献・思想をたどりながら戦略とは何かについて概括してみたい．

第1章

戦略論の原点
▶孫 子

第1節 背景と問題意識

　人間は，古今を通して，競い合い，戦い，そして勝つために多くの策を用いてきた．『ガリア戦記』のように，戦争の記録というよりも当時のガリアやゲルマンの風土・文化を著したもの，『アレキサンダー大王征東記』もあれば，『孫子』のように兵法書としてもてはやされたものもある．中国では，「武経七書」として，孫武・孫臏『孫子』，呉起作『呉子』，春秋時代の司馬穰苴作『司馬法』，戦国時代の尉繚作『尉繚子』，唐の李靖作『李衛公問対』，張良作『三略』，周の太公望呂尚作『六韜』が，兵法書としてもてはやされ，伝えられてきた．大半のものの作者は推定に過ぎないが，『孫子』のように，竹簡の発見により孫武作の『孫子』と孫臏作の『斉孫子』が確認されたものもある．戦いや戦争というものは，『孫子』に著されるまでもなく，さまざまな状況判断と意思決定と，そして時には運に左右されるものである．運も実力のうちというが，できるだけ論理性の上に戦略が立てられることが望ましいことはいうまでもない．

　先にも触れたように，『孫子』は2つのものが合作されてできたとする説が有力になりつつあるが，古今，兵法書として有名な『孫子』は，科学的・合理的な視点からみれば，ひとつの経験則の集大成であり，次章でふれるクラウゼヴィッツにみられる近代合理的思考とは対照をなしている．

第2節　理論的フレームワーク ─戦略論の真髄─

　『孫子』の構成は計篇，作戦篇，謀攻篇，形篇，勢篇，虚実篇，軍争篇，九変篇，行軍篇，地形篇，九地篇，火攻篇，用間篇の13篇からなっている．

　計篇は，戦争全体の考え方が述べられたものである．戦争とは国家の大事であり，存亡に関わることなので，5つの事柄と7つの計算の上で考えなければいけないと説く．5事とは，道・天・地・将・法をさし，道は政治，天は自然界のめぐり，地は土地の状況，将は人材，そして法は軍制のあり方をいう．7計とは，敵味方の優劣を，民の人心，将軍の有能さ，自然や地形の有利，法治性，軍隊の戦力，兵の訓練度，賞罰の公平さにより計ることであり，5事7計の観点から比較検討すれば，戦争の前に勝敗を知ることができるという．

　作戦篇は，軍事活動における費用と補給の問題であり，戦争は多大な費用がかかり，場合によっては士気の低下や経済の窮乏を招くので，拙速（まずくても素早くする）はあっても巧久（うまくて長引く）はないという．

　謀攻篇は，戦争の無為を指摘し，戦わずして降伏させることが最上の策であり，「是百戦百勝，非善之善者也」ということになる．つまり，戦わずに外交的に勝利することは，国や軍隊の疲弊を防ぎ，国にとっての利益となるとするのである．謀攻篇は，こうした大局的な観点と，具体的な戦術論の展開からなっている．毛沢東の『持久戦論』にも取り入れられ，近代戦における用兵原則のひとつとなっている．「味方の軍が敵の10倍であれば敵を包囲し，5倍であれば，敵を攻撃し，倍であれば敵を分裂させ，等しければ戦い，少なければ退却し，力及ばなければ隠れる」がそれである．また，以下のように勝利の5条件をあげている．①戦っていい時といけない時をわきまえること，②大軍・小勢の用兵を知ること，③人びとの心を合わせること，④よく準備を整えておくこと，⑤将軍が有能で主君が干渉しないこと．ゆえに，「敵を知り，己を知れば百戦してあやうからず」ということになるのである．

　形篇は，勝つことと，その体制をどのように形成するかを述べたもので

ある[4]．望ましい勝利は，戦って勝つより，防御を固め，不敗の立場で相手の体制の崩れるのを待つことにある．そのためには，「立派な政治を行ない，軍制を守る」ような指導者が必要であり，度（ものさしで計る，つまり戦場までの距離を計る），量（ますで量る，つまり投入する戦力量を考える），数（数える，つまり動員数を考慮する），称（比べる，つまり双方の能力を比較する），その上で勝（勝敗を考える）を比較考慮して臨まなければならないと説く．

勢篇[5]は，軍の運用方法について述べたものである．部隊をどのように指揮し，どのように勝機をつかむかを考え，ときの「勢い」を利用することを説いている．虚実篇[6]は，戦術的・用兵上の具体的な方策について触れたものであり，虚実篇を含めて，以下の8篇は戦術論と考えてよい．この篇では，戦場において主導権を握ることの優位と，兵力の分散・集結の妙を述べており，後の遊撃戦論の基本が具体化されている．軍争篇[7]は戦場における主導権確保の難しさを述べたもので，有名な「風林火山」の一説が含まれている．遠近の計によって，遠い道を近道となし，そのために時々に応じて，迅速に，静かに，激しく，そしてどっしりと兵を動かさなければならないという．九変篇[8]は，9つの状況における，攻撃をするときの鉄則が書かれている．たとえば，高所の敵を攻めるなとか，包囲した敵には逃げ道をあけておくといったことである．行軍篇[9]は，行軍と布陣についての注意事項を説き，地形篇[10]は，軍を指揮するときに地形を考慮に入れて作戦を立てることと，指揮者の統率者としての兵士へのあり方などが述べられている．九地篇[11]は，戦いにおける9つの土地の性質と意味について述べられている．たとえば，争地（奪い合う土地），重地（重要な土地），交地（往来の便利な土地），死地（死すべき土地）などである．個々の土地における戦い方があり，兵を団結して当たらせるためには，危難の中に兵をおいてこそ力を発揮できるという．火攻篇[12]は，まさに火攻めの対象と方法について述べたものであるが，最後に，聡明な君主は戦争については慎重に行うことが大切であり，これが国を安泰にし，軍隊の保全につながるとする．用間篇[13]は，情報収集の必要と，人による間諜の重要性について説いている．

第3節　現代的意義

　以上が『孫子』の概略である．『孫子』は6000字程度の短い文章であるが，5篇までの戦略に関する部分とそれ以下の戦術的な部分に大別できる．戦術の常として，戦略的な発想がその根底には流れている．孫子の基本的な発想は，戦いをすることではない．戦わずしていかに勝利を収めるかがその真髄である．「孫子の兵法」として戦術論的なあり方が注目されがちであるが，戦いをすること，兵を損なうこと，長期化することを極力戒めている．その上で，戦わざるをえないときには，現状や相手を分析しながら慎重な熟慮をして事に当たることが述べられている．『孫子』は，経験則の大成であるために，現実の企業活動や状況に当てはめて論じることは容易である．経営の啓蒙書として個々の記述が引用される理由はここにある．しかし，言葉上の表現がいくら同じであっても，『孫子』の時代背景や兵法の背景にある軍・国家（国）のあり方は根本的に異なっている．たとえば，九地篇には，「物資の豊かな地方を掠奪すれば軍隊の食糧も十分になる」とある．当時は戦いに勝てば，掠奪は当然の行為であったが，近代戦においては，掠奪は道義的な問題をなし，民心の離反を招くことになるため，認められざる行為であり，だからこそ補給を重視することになる．情報の重要性にしても，今日のような電子的な情報収集方法がない時代に，人による情報の収集は不可欠のものであった．人的情報収集の重要性は，ヒューミント[14]として今日も変わることはないが，科学技術の背景は雲泥の差がある．用兵の発想のような技術的な視点は有効性があるとしても，あくまで経験則としての域を出ないと思われる．ある事象を『孫子』の言に当てはめて規範や問題点を指摘することは容易であるが，時代的な背景や当時の指導者・為政者，あるいは経営者にしても，思想や指導力など人間的な属性に関わるところが数多くある．言葉上の，あるいは理念的な観念が同じだからといって，安易な対照は避けるべきであるのはいうまでもない．

　もちろん，だからといって，『孫子』の戦略論的価値がなくなるわけではな

い．

　『孫子』を経験則の集大成といったが，地理学，天文学などの客観的な分析に基づいたり，人間性や徳を重視する基本的哲学観が根底にある．勝つことだけを考える戦略論として利用されることは，『孫子』の本意ではないように思われる．

注
1）金谷治訳注『新訂　孫子』岩波文庫，2000 年，pp. 25-34
2）同上書，pp. 35-43
3）同上書，pp. 44-53
4）同上書，pp. 54-62
5）同上書，pp. 63-73
6）同上書，pp. 74-88
7）同上書，pp. 89-100
8）同上書，pp. 101-110
9）同上書，pp. 111-128
10）同上書，pp. 129-141
11）同上書，pp. 142-165
12）同上書，pp. 166-173
13）同上書，pp. 174-185
14）ヒューミント（HUMINT：Human Inteligence）とは，人間を主体とした情報活動をいう．いわゆるスパイ活動や合法的な活動など．これに対して，エリント（ELINT：electronic intelligence）は，電子偵察といい，発射された電波情報を収集すること．また，コミント（COMINT：communication intelligence）は，通話に関する電波情報を収集すること．この２つを併せて SIGINT（Signal Inteligence）ともいう．今日の情報戦の主要な情報収集活動をなす．

参考文献
孫武・孫臏著，金谷治訳注『新訂　孫子』岩波文庫，2000 年

第2章 近代戦略理論のバイブル
➤ クラウゼヴィッツ

第1節　背景と問題意識

　クラウゼヴィッツ（Clausewitz, C. P. G. v.）は，1780年に現在のマグデブルグ市の郊外に生まれた．ナポレオン戦争のほとんどに参加し，51歳の時，当時流行したコレラに感染して，死亡している．『戦争論』は，クラウゼヴィッツの死後，夫人によって刊行されたものであり，全7篇からなっている．第1篇「戦争の性質について」，第2篇「戦争の理論について」，第3篇「戦略論」，第4篇「戦闘」，第5篇「防御」，第6篇「攻撃」，第7篇「作戦計画」である．全体的に，戦略概念を念頭において論が展開されている．クラウゼヴィッツの戦争論は，軍事戦略理論としては，避けて通ることのできない代表的なものであり，「軍事思想の古典」としての地位を占めている．クラウゼヴィッツの戦争論の特徴は，「戦争とは，敵を強制してわれわれの意思を遂行させるために用いられる暴力行為」[1]であるとし，政治の戦争に対する優位性を説いたことにある．政治目的を達成するために戦争行為によって解決する．戦争は暴力行為であるから，戦争哲学の中に博愛主義を持ち込むことを否定している．この点は，先に述べた『孫子』に比べると合理的であるとともに，冷徹でもある．クラウゼヴィッツの思想は，多様な解釈が可能であるが，当時のヨーロッパの政治的状況を反映し，プロイセンの自立と共同体意識の高揚に根ざした国民的軍隊の確立を主として展開されていった．ここでは戦略・戦術概念を中心に，概

説していきたい．

第2節　理論的フレームワーク ―合理的戦略―

　第1編は，まず，戦争とは何かと問い，それは，敵を強制してわれわれの意思を遂行させるために用いられる暴力行為であるとする．暴力行為であるがゆえに，博愛主義の理想を打ち砕き，戦争行為の無慈悲・物理的暴力性を認識すべきと説く．戦争は，国民と軍隊と政府の三位一体のものであり，国民における暴力性と憎悪，敵愾心，軍隊における蓋然性と偶然，政府による政治の道具としての従属的性質をもつという[2]．戦争は，政治目的を達成するための適切な手段であるが，戦争の純概念からすれば，敵を壊滅することがその目的となる．ゆえに，戦闘力は壊滅され，国土は占領され，敵の意思はくじかれねばならない．しかし，現実は純概念と著しく異なっており，勝算が少なく，勝利のために払う犠牲が大きい場合には，講和という方法がとられることになるという．第6章では，情報について考察されている．情報は知識の総体であり，想定や行動の基礎となる．情報の基礎的な性質は，不確実さと脆弱さにあり，戦争において指揮官にはある程度の識別力が要求される．戦争状態では，情報の多くは矛盾したり，虚報であったり，不確実であったりする．しかも，人間の恐怖心はこの虚報をますます助長する傾向にあり，「一般に感覚の与える印象は，熟考計測によってえられた判断に比べてその作用は強烈である[3]」とする．一般的に指揮官は，自己の内的な知識の信頼性を堅持し，いたずらに恐怖心に陥ることなく，希望をもって対処することで内面的な均衡を得ることができるという．

　第2篇は戦争の理論であるが，戦略と戦術の違いについて触れられている．「戦術とは，戦闘における戦闘力の使用に関する教義であり，戦略とは，戦争の目的をめざすいくつかの戦闘の使用に関する教義である[4]」．戦術とは，戦闘力をいかに使用するかを規定するものであり，空間的には指揮官の命令のおよ

ぶ範囲を対象とする．これに対して戦略は，戦闘力の使用に先立って，戦闘力を創造し，育成・維持するような戦闘の準備に関するものである．このように，戦争の理論は，戦争の準備に関する戦略概念と，戦争それ自体である戦術概念の２つに大別されるとする．

　第３篇における戦略論では，戦略概念とともに戦略の諸要素について論述されている．戦略は，全軍事行動の目的に対応した目標を設定することであり，作戦計画を立て，個々の目的達成のために諸行動を結びつけていかなければならない．ただし，クラウゼヴィッツは，戦略上の決定に対しては，精神的要素を重視し，堅固な意思が必要であるとする．戦略上の事柄は直接肉眼でみることができないものが多く，推測による部分が多くなり，その分確信が弱くなるからであり，戦略の要素においても，まず精神的要素をあげている．戦略の諸要素は，５つに分けられている[5]．精神的要素，物理的要素（軍事力・編成・構成比率），数学的要素（作戦線の角度・集中および遠心機動の幾何学的方面），地理的要素（地方の影響，つまり道路，山岳，河川など），そして統計的要素（給養）である．精神的要素は，戦争において最も重要な対象であり，戦争の全体を貫くものであり，全体を動かすものであるという．しかし，それは数的に把握することも分類することもできないものであり，戦争における精神的要素の利害得失を研究することは困難ではないが，結局ありふれた結論にしかならず，本来の精神性が見失われてしまうことになり，精神性の存在の重要性を指摘することで満足しなければならないとする[6]．しかし，クラウゼヴィッツは，精神性を形成する要素を説明することで，満足の幅を広げようとはしている．たとえば，基本的な精神力（将軍の才能・軍隊における国民精神），武徳（全知力を傾倒し，確信をもって敏速になし，事業に専心して私心を捨て，所与の役目に没入する），大胆さ，堅忍性などが精神性として要求されている．

　戦術は，具体的には戦闘であり，戦闘の中に戦略の目的が含まれている．ゆえに，戦術の性質が変われば戦略もその影響を受けないわけにはいかなくなる[7]．クラウゼヴィッツは，戦術概念をより具体的に戦闘に置き換え，そうし

た戦闘を包括するものとして戦術という概念を用いている．戦闘は軍事活動であり，敵を粉砕・圧倒することを直接の目的としている．

第3節　現代的意義

　第1篇第6章で述べられた，情報概念におけるクラウゼヴィッツの認識は，現実の中において，情報が整然としたものではなく，不確実で虚偽に満ちているがゆえに，それを取り扱う者の認識力と，内面的な均衡を説いている．非常に短い章であるが，含蓄に富んでいる．また，精神的な発揚は，感得，全体的印象，直観のひらめきなどによって見い出されることが多いと指摘し，戦略概念における精神的要素を強調しつつも，それは分析や記述の対象ではないとしている．第9章で述べるアンドルーズ（Andrews, K. R.）の戦略論においても，戦略思想における精神的・道徳的側面と経済的戦略として合理的に把握できる側面とを分離して考察しているが，さまざまな状況下における指揮者や経営者の価値判断基準は，精神的なもの・属人的なものを含めて，当事者による全体的な判断の結果である．軍事戦略にしろ，経営戦略にしろ，実際の意思決定においては精神的な要素が大きな比重を占めているが，学問のもつ科学性・客観性からすれば，合理性という観点がひとつの基準であり，非合理的な領域，精神的な領域は科学的な対象にはなりにくい．以後のさまざまな戦略・経営戦略論においても，基本的には合理性が前提となっている．

　クラウゼヴィッツの戦略概念には，戦略・戦争・戦術・戦闘・兵術（用兵）という階層性があり，また，戦略概念は攻撃的側面だけでなく，戦略的防御という側面を提起していることも付加しておく．

注
1) Clausewitz, C. P. G. v., Vom Kriege, 1832.（淡徳三郎訳『戦略論』徳間書店，1965年，p.18）
2) 同上訳書，p.46

3）同上訳書，p. 103
4）同上訳書，p. 117
5）同上訳書，p. 154
6）同上訳書，p. 158
7）同上訳書，p. 211

参考文献

Clausewitz, C. P. G. v., Vom Kriege, 1832.（淡徳三郎訳『戦略論』徳間書店，1965年）

第3章
戦略的組織の成功者
➤モルトケ

第1節　背景と問題意識

　モルトケ(Moltke, G. v.)[1]は，ドイツ（プロイセン）の参謀総長として，近代ドイツの軍事組織の基礎を作った人である．軍事的な履歴では無名にもかかわらず，ドイツの参謀総長として，対フランス，対オーストリア戦争を指導し，勝利に導いた実績をもっている．しかし，対オーストリア戦争の際，命令をうけた師団長の1人が「この命令は非常によくできている．だが，このモルトケ将軍とは誰だね」と言ったとされる有名な伝説があるほど，無名の存在であった．モルトケは，当時敷設され始めた鉄道と電信をいち早く戦術の中に取り入れ，分散進攻・集中攻撃を可能にした．すなわち，戦闘における歩兵火力の強力化は，従来の歩兵による正面攻撃のみでは損害を増大させるだけとなり，攻勢をとるという戦術そのものを検討する時期となっていた．強力な火器を装備し，堅固な陣地に布陣する敵に対して，正面攻撃をすることの不利が認識され，用兵そのものが変わらざるを得ない時期であった．モルトケは，鉄道，電信などの先端技術を導入し，各部隊を個別に展開させるとともに，攻撃時には各部隊が一体となって敵を包囲殲滅するという今日的な用兵思想を作り上げた．また，個々の部隊の指揮官に独断での意思決定を認め，各級指揮官の判断を重視した．それは，戦闘において状況はさまざまに変化し，それを予想することが困難であるがゆえに，命令によらず，現場の指揮官の意思決定が重要性

を帯びてくると考えたからである．

　モルトケのもうひとつの貢献は，参謀総長として従来からの参謀本部のあり方をかえたことにある．用兵の要として参謀本部を機能させ，普仏戦争を勝利に導いた．なお，モルトケは，明治期の日本にも大きな影響を与えている．明治18年，弟子のメッケル少佐が陸軍大学校に招聘され，日本の用兵もドイツ式の用兵思想に切り替えられたからである．モルトケには，体系的な著書があるわけではない．いくつかの論稿や論文が残されているだけである．ここでは，主として戦略研究学会編集の『戦略論大系』第3巻『モルトケ』に依拠した．

第2節　理論的フレームワーク ―臨機応変の体系―

(1) モルトケの戦略論

　モルトケは，「戦略は臨機応変な体系」であり，「知識を実際の生活に適応すること」とする．また，健全な人間の知識を用兵に適用することであり，常識の枠を越えるものではないとしている[2]．さらに，クラウゼヴィッツの「戦略は戦争目的達成のために戦闘を利用する」という言に対して，それを認めつつも，戦略はそれぞれの戦闘結果に適合し，結果の上に構築されるものであり，戦術的な勝利の前では戦略は沈黙し，勝利が生み出した新たな状況に従うという[3]．一般的に，戦略は大目標であり，ある意味普遍のものとして捉えられがちである．しかし，この項初にも書いたようにモルトケは，戦略を臨機応変なものとして考え，戦略にしたがって戦闘に勝利すれば，状況の変化に応じて補修が重ねられると考えている．

　また，政治と戦争の関係において，モルトケは，政治と戦略の相互作用を認めながら，戦略への政治的干渉を否定して次のようにいう[4]．戦争は，国家の目的達成もしくは維持していくために行われる国民間の暴力行為であり，政治は戦争を政治目的達成のために使用するが，戦争の不確実さを考えれば，戦略の

できることは，与えられた手段でとりあえず達成可能な最高目標に向けて努力することだけである．ただし，交戦期間中の戦略は政治から可能な限り独立し，政治は作戦に干渉すべきではないとする．戦略とは，見通しを得る目的の達成のために，一将帥にその処分を委任されたところの諸手段の実際的適用であるとするのが，モルトケ流の戦略の基本である．

(2) 参謀本部論

　戦争は，純軍事的な観点で準備し遂行されなければならず，参謀本部は用兵と統帥という観点から主導権を発揮した．それまでの参謀本部は，単なる1計画研究部門にすぎなかった．しかし，対オーストリア，対フランス戦争を通じて，参謀本部の権威は飛躍的に高められていく．歴史的な過程の中で参謀本部組織が戦略的役割をもつようになるのは，19世紀になってからである．従来，各国陸軍は2種類の幕僚部をもっていた[5]．ひとつは，人事・規律を司る高級副官部，もうひとつは軍の行軍，宿営を担当する兵站部である．当時の幕僚は教育や個人の能力よりも自出，つまり貴族出身者であることが優先され，進級においては年功によっていた．また，主として荒漠地で原住民を相手とする植民地戦争では，幕僚の必要性がなく指揮官の個人的資質だけでも勝利することができた．ドイツにおいても，19世紀初頭から参謀組織に類する組織はつくられていた．先にあげた2つの機能以外に，指揮官の副官業務，助言を求められたときの諮問，情報活動や部隊の記録等が，参謀としての役割であった．その後，参謀将校による戦争計画部門が設置され，参謀将校の選抜において試験による選抜を導入し，年功ではなく実力を基準とするようになった．ただし，ドイツの軍事組織の中で参謀総長の地位は低かった．その地位を高め，参謀本部を再生したのがモルトケである．彼は，参謀総長に就任してから，戦争計画部局を東方課（ロシア，オーストリア，スウェーデン，トルコ），ドイツ課（全ドイツ諸邦，デンマーク，スイス，イタリア），西方課（フランス，イギリス，オランダ，スペイン，アメリカ等）の3つに分け，さらに鉄道課を新設して，鉄道の軍事利用

について協議し，動員および作戦計画を策定し，その実効性を確認した．また，戦史課は，他部門への情報提供と戦史の編纂とに分かれていたが，その役割は，過去の戦略や戦術を分析して新しい用兵を開発することにあった．さらに，地図，測量課がつけ加えられた．それは，来るべき戦争において真価を発揮することになる．

参謀本部を実際に機能させるためには優秀な将校団が必要となる．参謀は試験で選抜されるだけではなく，演習旅行や大演習を実施することで資質を高めていった．また，各級指揮官が，全体的な計画に沿う限りは，自分の判断において行動することを容認した．つまり，全般的な目標の徹底と絶対的に必要な命令のみが通達され，各級指揮官の行動の細部への干渉を避けるとともに，目標や命令に逸脱しない範囲での指揮官の健全な判断の自由を認めている．それはまた，現場の状況，つまり天候や地形の状況，兵士の精神的・肉体的状態等を知る現地指揮官の判断を認めるということでもある．

第3節　現代的意義

モルトケの現代的な意義を検討することは容易ではない．純粋に軍事上の観点からすれば，近代兵学の最高峰という評価も可能であり，さまざまな戦史を通しての現実的，現象的記述の中に軍事教育の方法論を確立したともいえる．31年間におよぶ参謀総長職の中で，参謀本部という組織を実質的な戦略組織へと作り替えていった，組織論的な功績も大きい．第1節に日本へも大きな影響を与えたと書いたが，戦前の日本陸軍がどれだけ忠実にモルトケを吸収したかについてはかなり疑問も残されている[6]．それはともかく，最新の技術革新（この場合は鉄道，電信）にいち早く着目し，それを戦略の中に結びつけていく．技術の進歩は，常に新しい兵器を見い出し，従来の戦術や方法を根本的に再検討しなければならなくなる．強力な火砲をもつ敵に対する正面攻撃の無謀さは，敵の側面に隠密裏に部隊を移動させ，あるいは，分散した部隊を同時に主

第3章　戦略的組織の成功者　▶モルトケ　17

戦場に集中して敵を包囲するという攻撃方法に転換する．時代を先駆ける人のもつひとつのパターンをそこに見い出すことができる．参謀や各級指揮官の教育課程を整え，目標や命令を逸脱しない限りにおいて，個々の指揮官の判断を認め，孤立した状況下や命令が通達されにくい状況の下でも指揮官による独自の判断を肯定する．また，戦争を科学的に捉え，科学的根拠に基づいた計画案を策定する．2節の冒頭にも書いた，戦略は臨機応変な体系であり，知識を実際の生活へ適用することが戦略だという，日常性の中での常識的な判断というものがことさら強調されているのがモルトケの戦略のように思われる．「戦略にとって理論的完成性よりも実行可能性や目的への適合性，失敗した場合に損害を受け入れられるかという受容性の方がはるかに重要なはずである[7]」という指摘は，モルトケの言ではないが，モルトケの戦略の中には，こうした柔軟性や余裕を随所に伺い知ることができる．

注

1) モルトケについては，市販された訳本はなく戦略研究学会が編集した『戦略論大系』から第3巻『モルトケ』を主として参考にした．
2) 片岡徹也編著『モルトケ』(戦略論大系③)，芙蓉書房出版，2002年，p.15
3) 前掲訳書，p.16
4) 前掲訳書，p.36
5) 前掲訳書，pp.285-295
6) 前掲訳書，pp.327-330
7) 前掲訳書，p.304

参考文献

片岡徹也編著『モルトケ』(戦略論大系③)，芙蓉書房出版，2002年
渡部昇一『ドイツ参謀本部』中央公論社，1974年
Barry Leach, *German General Staff*, Ballantine Books, 1973.（戦史刊行会訳『ドイツ参謀本部』原書房，1979年）
Gorliz, von Walter, *Kleine Geschichte des deutschen Generalstabes*, Hande & Spenersche Verlagsbuchhandlung, 1967.（守屋純訳『ドイツ参謀本部興亡史』学研，1998年）

第4章

間接戦略理論
➤リデル・ハート

第1節　背景と問題意識

　リデル・ハート（Liddel Hart, B. : 1895～1970）はパリに生まれ，ケンブリッジ大学で歴史を専攻し，第1次世界大戦に従軍．1929年に「間接的アプローチの戦略」に関する研究によって，歴史上の古今の戦歴を分析し，間接的アプローチが直接的アプローチに優り，より広範な適用範囲があることに言及した．間接的アプローチの有効性は，たとえばリデル・ハートの以下の言葉に集約されている．「手段的に直接的な強襲に訴えた場合には，対手側の頑強な抵抗を挑発する結果となり，対手側の視野を変更させる上での困難度を強める．対手側の考え方を変えさせることは，わが方がさらに考え方を変えて敵が疑惑を差し挟みさえしないような滲透手段を用いるか，あるいは敵側の本能的抵抗の翼側を攻めることによって，さらに容易，かつ迅速にその目的を達成することができる．間接的アプローチは，（中略）商取引においても，良い買物があるという示唆は，直接的にその品物の購入を訴えるよりも遙かに強力である．」「戦争においては，敵の征服を企図する以前にその抵抗を弱化することが狙いとされている．そしてその効果は，敵側の防御態勢から敵側の異分子を誘い出して排除してしまうことによって最も上がるものである．[1]」直接的でなく間接的な攻勢により，敵を弱体化させて，目的の達成をめざすという方法論は，従来の正面攻撃による直接対決以外の別の戦略が存在することを示唆している．

リデル・ハートが間接的アプローチを主張する一方で，第2章で述べたクラウゼヴィッツは，戦いによる徹底した破壊・勝利を唱え，直接的アプローチの代表といえる．

第2節　理論的フレームワーク ―間接的アプローチ―

リデル・ハートは，戦略を次のように定義している．「戦略とは，政略上の諸目的を達成するために軍事的手段（複）を分散し，適用する術である．[2]」彼は戦略概念の上に大戦略（高級戦略）という概念をおき，戦略を大戦略の低次元の適用であるとする．大戦略とは，政略として「国や国家のあらゆる資源をある戦争のための政治目的—基本的政策の規定するゴール—の達成に向けて調整し，かつ指向すること[3]」であり，国家の経済的資源・人的資源を計量・開発するとともに，国民の意欲涵養のための精神的資源としても必要であると説く．また，経済的・外交的・貿易上，そして道徳上の圧迫の力を適用することも必要であるとともに，大義名分は防御のためにも攻撃のためにも有効であり，騎士道精神も味方の精神力を増大させ敵の抵抗意思を弱めるのに役立つとする．戦略の概念は，大戦略（高級戦略あるいは政略）・戦略・戦術という階層性の中で捉えられる．戦術は，戦略の低次元での適用であると同様に戦略は大戦略の低次元での適用であり，戦略は戦争を視野にしか入れていないが，大戦略は戦後の平和まで視野に入れ，将来の平和に害を及ぼさないように考慮が払われるべきであるとしている[4]．

第20章[5]では，「戦略および戦術の真髄」と題して，普遍的かつ基本的な経験的真実を8つの指針として提起している．8つの指針のうち，最初の6つが積極的側面，最後の2つが消極的側面であるが「実際的なことのみが有益」という立場から，戦略にも戦術にも適用できるものとする．

1　目的を手段に適合させよ：目的決定には明確な見通しと冷静な判断を重視すべきであり，軍事的な英智は「何が可能か」を第一義とする．事実に

直面することを学び誠実さが要求される．誠実さは不可能を可能になしうる．

2　常に目的を銘記せよ：目的達成のためには方法はひとつではないが，いかなる目標も常に目的に指向されるように細心の注意を払うべきである．将来の目標を考慮する際には，その達成可能度を量るとともに，達成された際に目標が目的にいかに奉仕するかを量るべきである．

3　最小予期路線（または最小予期コース）を選べ：敵の立場に立ってみることに努め，敵が先制することが最も少ないコースがどれかを考えよ．

4　最小抵抗線に乗ぜよ：基本的な目的に対し，寄与すべき目標へ指向されているという条件を満たす最小抵抗線を利用すべきである．

5　予備目標への切替えを許す作戦線をとれ：敵をジレンマの立場に追い込み，敵の守備の最も薄い目標を少なくともひとつは攻略できる機会を確保することができ，それを手がかりとして逐次攻略が可能となる．

6　計画および配備が状況に適合するよう，それらの柔軟性を確保せよ：どのような場合でも次のステップを予見すべきである．わが方の配備は最も短時間のうちに次のステップに利用，換言すれば状況への適合を許すようなものにすべきである．

7　対手が油断していないうちは，一対手がわが攻撃を撃退し，または回避できる態勢にあるうちは，わが兵力を打撃に投入するな：劣勢な対手以外には，抵抗力・回避行動が麻痺状態に陥らない限り，効果的な打撃を加えることは不可能であり，敵に対する攻撃を発起すべきではない．

8　いったん失敗した後，それと同一の線（または同一の形式）に沿う攻撃を再開するな：単なる兵力の増強は必ずしも新規の線に沿う攻撃を意味しない．敵も休止期間に自己の兵力を増強していることはありうべきことだからである．

以上の8つの真髄の底流には，攪乱と戦果拡張（または戦果の利用）が必要であるとする．好機を作り出さない限り敵を効果的に打撃することはできない

し，敵が受けた打撃から立ち直らない間に，その好機を利用しない限り打撃の効果を決定的にはできない．また，予期しない事態はそれ自身が成功を保証するものではないが，しかし，予期しない事態は成功のための最大のチャンスを提供するものであるとしている．

第3節　現代的意義

　リデル・ハートの戦略論は，古代ギリシャからローマ，中世を経て，近代，第1次・第2次世界大戦等の多くの戦場を分析することで，間接的アプローチを用いた側が勝利していることを検証する．戦場において徹底した敵戦力の破砕は，両者の多大な犠牲の上に成り立っている．リデル・ハートは，こうした多大な犠牲の上に成り立つ勝利に疑問を呈している．彼は，『孫子』に精通しており，直接戦うことを目的とするのではなく，情報を操作することで敵を攪乱したり，敵の士気を失わせることに重点をおいている．戦略の目標は，戦闘を最も有利な状況の下に実行することである．

　間接アプローチは，直接的な対応ではなく，相手の考え方をかえ，あるいは抵抗感をおこさせることなく，やる気を損なわせることにある．その前提として正確な情報収集が必要となる．相手を知り，的確な情報のもとで，このアプローチは有効なものとなるのである．間接的アプローチは広範な適用が可能である．理論を現実に当てはめて説明することは容易であり，極力避けたい点ではあるが，あえて愚を犯せば，ポーター（Porter, M. E.）のコストリーダーシップ概念は，自社がコスト的優位性をもって他社に影響を与えるという意味では，まさに間接的戦略アプローチである．直接製品分野で競合するという戦略と，直接的な影響を与えなくとも，相手に対応を迫らせるような戦略の有効性は，数多く存在するであろう．

　以上，戦略論に関するいくつかの文献を概括してきた．ほかにも，世には数多くの戦略論が存在するが，ここでは取り上げなかった．たとえば，ナポレオ

ンは天才的な才能を発揮することでフランスを強国としたが，彼自身の戦略性に関するオリジナリティは存在しない．既存のさまざまの理論を吸収し，それを実行したところにナポレオンの偉大さはあるが，彼は理論家ではなかった．あるいは持久戦論に基づいて，対フランス，ヴェトナム戦争を指導したボー・グエン・ザップもしかりである．軍事的な戦略論を論じる上で，毛沢東の持久戦論は，戦略論的価値をもつが，今回は省略した．ただ，簡単にポイントに触れておくと，日中戦争の中で，双方の戦力対比に基づき，強弱は，絶対的なものと相対的なものとに区分でき，後者が圧倒的に多いとする．強い敵に対するためには，持久戦によることを第一とし，それを3つの段階に区分している．第1段階は，弱小な味方は敵の目標になることを避けるために分散するとともに人民の中に紛れ込む．第2段階は，反撃の準備をするとともに，敵の背後でゲリラ戦を展開する．第3段階は，戦略的反攻に出て，敵に勝利する．このように，弱小な味方が，戦場での主導権を握り，徐々に防御から攻撃へと移行していく戦略を持久戦論とよぶ．多くのゲリラ的活動は，こうした持久戦論をもとに行われている．持久戦論は，戦略的実践性の中で適用されてきた．

　上述した戦略理論以外にも，マハンやグルシコフの海軍戦略は周知のものであるが，その特殊性のゆえに触れなかった．戦略は時代的背景や技術の進歩に伴ってさまざまに変化する．勝つか負けるか，生きるか死ぬかという究極の選択を強いられるがために，常に時代を先取りし，最先端技術を導入して，相手に対する優位性を誇示する．経営戦略は，軍事戦略ほど直接生命を賭けるものではなく，また，相手を殲滅するということもない．しかし，軍事的な戦略の中に方法論的な戦略の価値は見い出しうるかもしれない．時代錯誤をあえて行えば，戦争の不確実性や人間の知力の限界を認識して，計画が失敗しても慌てることなく予防的措置を講じていたモルトケのような戦略眼とゆとりをもちたいものである．

注

1) Liddel Hart, B., *Strategy*, Faber & Faber Ltd., 1967.（森沢亀鶴訳『戦略論』原書房，1986年，p.7）
2) 同上訳書，p.353
3) 同上訳書，p.353
4) 同上訳書，pp.353-354
5) 同上訳書，pp.366-369

参考文献

Liddel Hart, B., *Strategy*, Faber & Faber Ltd., 1967.（森沢亀鶴訳『戦略論』原書房，1986年）

毛沢東選集刊行会編訳『毛沢東選集第3巻』「持久戦論」三一書房，1952年

[第2部]

成長と競争の戦略論

第5章
組織は戦略に従う
➤チャンドラー, Jr.

第1節　背景と問題意識

　経営学における戦略概念の萌芽をドラッカー（Drucker, P.F., 1954），あるいは古くはバーナード（Barnard, C. I., 1938）にまで求めることができるとする見解がある．バーナードは，組織の中の意思決定メカニズムを説明する際に，目的をめぐる諸要因のうち，戦略的要因をどのように選択すべきかを論じており，これが戦略という言葉の一般的な意味を明確にするのに貢献したといわれ，また，ドラッカーの「事業とは何か」という問題に解答を与えることが経営者の義務であるという主張に，実質的な戦略概念に対する言及を見い出すことができるともいわれる．[1] しかしながら，奇しくも両者の関心は，経営者の役割を明らかにすることにあり，あくまでもその戦略概念は暗示的なもので，明確化されるには至らなかった．

　戦略論が具体的に経営学の一分野として確立しはじめるのが，1960年頃のアメリカだとされている．経営学のような実践的学問で，ある理論や概念が登場する背景には，企業経営上の必要性と，その要請に応じた研究分野の発展という実務的・理論的事情を伴うことが多い．この時期，アメリカ企業は新たな事業機会を求めて多角化を推進しており，その実践的課題として，進出すべき製品や市場の選択における指針を求め，その方法論を探求していく中で，戦略概念が発展し，重要な意味をもつようになったという．[2] このように戦略概念の

登場には，まず，背後に実務界からの要請があったといえる．

　他方，その理論的母体は，一般的にビジネス・ポリシーという分野に求められている．ビジネス・ポリシーとは，ハーバード・ビジネス・スクールなどにおいて設定された教科目である．その教育方法として，企業の成功や失敗の事例を詳細に検討し，実践的な経営施策や方法を開発・学習するケース・メソッドという手法が採られており，このような実例の積み重ねと検討の中から，次第に戦略という概念が明確化し，その策定について標準的な手順が確立してきたという（土屋，1982）．つまり，戦略論は元来研究分野というよりは，経営幹部やスタッフの養成という教育分野から端を発していると考えられている[3]．

　また同時に，アメリカ企業で長期的な計画策定の重要性が認識され始め，長期経営計画が学問的に論じられ始めたのもこの頃である．事業進出にあたっては長期の展望が求められる．その頃推進された多角化と無関係ではないだろう．当時すでに，経営における計画については，管理活動を計画，組織，指揮，統制のサイクルからなるとした管理過程論において言及されていたが，しかし，この諸過程のうち，組織や指揮については比較的幅広く論じられていたが，計画過程が着目されだしたのは1950年代の終わりごろであった（土屋，1982）．ただし，当初は単なる販売，調達，人事や財務など職能・機能レベルの方針を論じるに留まっていたが，実務界での長期計画の必要性とともに，次第に長期経営計画の策定手続などを本格的に扱うようになり，やがて戦略研究へと形成・発展していったという（土屋，1982）．こうした管理過程論を汲む理論的流れの延長線上に，戦略論の台頭を位置づける見方もある．

　以上のような経営実践上の要請と理論的展開の中で戦略概念は形作られつつあったが，このような時代背景の中，1962年に戦略論における先駆的・記念碑的研究である *Strategy and Structure*（『経営戦略と組織』）を記し，もともと軍事用語であった戦略という用語を経営学の領域に明示的に導入し，はじめて経営学の戦略概念に明確な規定を与えたのが，経営史家チャンドラー（Chandler, Jr., A. D.）であるというのが通説である．

第2節 理論的フレームワーク ―経営戦略と組織構造―

(1) 理論の前提

チャンドラーには，『経営戦略と組織』以降にも *The visible hand*, 1977（『経営者の時代』）や *Scale and scope*, 1990（『スケール・アンド・スコープ』）などの著作があり，初期の経営管理史から企業者史，国際比較経営史と軸足を移してきたといわれる[4]．しかし，とりわけ経営戦略論の領域に多大な影響を与えたのが『経営戦略と組織』であり，本章ではこの著書にのみ焦点を当てる．

チャンドラーは，この研究でアメリカの企業の多角化戦略推進と事業部制導入の因果関連を歴史的に明らかにした．結果，見い出された事実とは，事業部制という組織構造は多角化という成長戦略に伴って導入されたという現象であり，ここから有名な命題「組織（構造）は戦略に従う」が導き出される[5]．簡略に，その理論的な因果図式を表すならば，図表5―1のようになるだろう．後に，構造が戦略に影響する側面を捨象しているなど，一面的であるという批判がなされるが，この命題が戦略論や組織論に与えた影響は計り知れない．

この著書は，まず諸概念の定義から始まる．その上で4社の詳細なケース・スタディが行われ，この4社の比較研究から得られた含意を整理し，その後，その知見を幅広い産業に適用し，一般化・普遍化させている．

そして，この冒頭の諸概念の定義において，チャンドラーは初めて経営学における戦略概念を明確に定義した．すなわち，彼によると戦略とは「企業の基本的な長期目的や目標の決定と，これらの諸目的を実行し成し遂げるために必

図表5―1　因果的フレームワーク

戦略 ⟶ 構造 ⟶ 成果

出所）Chandler, Jr., A. D.（1962）および邦訳（1967；2004）を参考に筆者作成

要な，行動のコースの採択と諸資源の配分」であるという．この定義は戦略の最も基本的な側面を言い表しているといえる．その後の理論的発展に伴って，戦略にはこのような所与の目的達成に向けて計画意図した収斂的・誘導的側面だけでなく，実践や実行の中で学習を重ねたり能力を蓄積したりして，創発的に戦略を展開していく側面も見い出されるようになったが，実際のケース・スタディでは，杓子定規な戦略策定ではなく，まさに初期の意図や目的に基づきながらも，各社が試行錯誤の中で学習し能力を培って，戦略や組織を具体化していく過程が描写されている．

(2) ケースの概要

さて，ケース・スタディで取り上げられた4社は，デュポン，GM（ゼネラル・モーターズ：General Motors），スタンダード石油とシアーズ・ローバックであるが，チャンドラーは，これらの企業に着目した理由として，アメリカ企業の中でも先駆けて，伝統的な職能別の集権的な組織構造から分権的な事業部門別の組織構造へと転換し，その後のアメリカ企業の模範となったからであるという（職能別制と事業部制の一般的な構造形態については図表5－2を参照）．デュポンとGMは，第1次世界大戦後まもなくから組織再編を始め，スタンダード石油は1925年，シアーズ・ローバックは1929年に始めた．さらにチャンドラーは，これらの企業が異なる目的，異なる過程をたどりながら同型の組織構造に至ったことと，それが先行する他社の模倣ではなかったことを強調する．

1）デュポンとGM

デュポンでは，新製品開発による新市場進出という多角化戦略が，組織再編のきっかけとなった．1918年までのデュポン社の成長は，火薬事業という単一製品系列の生産量の拡大によるものだったが，1919年までの戦後の1年間で本格的に多角化が行われ，多種の新製品系列を扱うことによる大規模化へと質的な転換を遂げていた．この戦略は，戦時中に軍需によって拡大した人的，物的，資金的な余剰資源を遊休させないため，転用や新たな活用が期待される

有望な市場候補が探索された結果であった．

　しかしながら，この進出は，異なった事業の運営を同時に行うという管理の複雑さをよび，この事態に，集権的な職能別組織では対応できず，次第にパフォーマンスが低迷していく事態が生じた．やがて，この問題が組織に関するものであることを認識したデュポンの経営陣は，さまざまな検討と議論の末に，1921年に新たな組織体制を導入・確立するのである．その制度こそ，それぞれの製品系列に別れ，独立して各々の職能部門を管理する事業部から複数構成される事業部制であった．この組織の下で各事業部は，具体的な事業運営の権限を与えられるが，同時にそれら各事業部を統括的に管理する本社機能も強化されることになり，専門スタッフと本社幹部からなる総合本社が形成された．

　GMでは，主に垂直統合戦略が新たな管理組織を要求した．終戦直後，GMでは，大衆車など自動車の製品系列を増やすと同時に，各種の部品会社や販売金融会社を傘下に設立・統合するなど，積極的な戦略が推進されたが，組織に対しては何ら関心が払われていなかった．たとえば，本社と各事業所の間には明確なコミュニケーションがなく，管理も徹底されていなかった．工場拡張や，資本投資，生産量や価格といった重要案件は，経営者と事業所責任者の不定期な会合や話し合いで決まっていたという．

　1920年になると危機が到来した．生産計画の削減が策定されても，各事業所の責任者が，資材や設備の発注から資金の借り入れなどの資金運用の全権をもっており，調達した資本を何に使うか，どんな資材を購入するかまったくチェックできず，逆に各事業者の資金需要が急激に増加したのである．

　こうした事態を受け，1921年に新たな組織案が提示された．組織案はまず，各事業所の権限を取り上げて集権的な組織体制をめざすのではなく，現事業部の自立性を保つことが前提とされた．その上で，その効率的な管理として，現業部を再編して総合本社組織に組み込み，本社本部のスタッフ機能，とりわけ財務や会計部門を充実・拡張することが企図された．なお，各事業所は，自動車，アクセサリー，部品，雑製品のいずれかに属された．

第5章 組織は戦略に従う ▶チャンドラー, Jr. 31

その後の実施に伴い, 自動車部門を高級・中級・大衆車の車種別に編成したり, 市場価格での事業部間の取引制度を確立し交渉・調整の手間を省いたり, また各事業部の成績を精査・評定する統一的な計数制度や財務管理体制を確立するなど, 若干の修正が加えられ1925年までに新組織は整備された.

戦略の内容は異なったが, デュポンとGMは同じように, 事業の拡大が管理の複雑さを招き, 新組織が必要となった. 両者の反応は, 表面上同じ分権的な事業部制と本社部門の確立であったが, デュポンが新組織の狙いを分権制度の確立におき, その過程で本社機能の強化の必要性に気づいたのに対し, GMでは, すでに分散していた組織体制を効果的に調整統合するために, 本社機能の確立の方が急務であったという.

2) スタンダード石油とシアーズ・ローバック

上記2社は, 組織管理の問題を認識し, 分析的・計画的に対応したが, スタンダード石油は組織管理上の要請が認識されず, 新組織への移行は場当たり的なものであったという. しかし結果的にはデュポンやGMと同じく分権的事業部制へと行き着いた. その組織再編は, 同社が1912年頃に行った垂直統合戦略に端を発する. 垂直統合戦略は, 電力とガソリン・エンジンという2大エネルギー革新によって登場した新市場へ対応するためだった.

その頃の同社は石油精製が主体であり, 原油生産と製品販売を他社に依存していたが, 市場拡大にしたがい, 必要な原油を確保するために原油生産に進出した. 結果, 新たな管理体制として原油生産や輸送などに関する職能部が追加されたが, これが既存の職能部, とくに国内営業部と精製部に影響を与えた. 国内営業部門は工場や船会社などの大口顧客に対応しており, 最終消費者向けのガソリンと燃料品の販売には適していなかった. さらに, 精製部では各地の新油田の品質に応じて精製方式を変える必要があり, 原油生産部や国内営業部との調整やコミュニケーションが増大し, 幹部は管理業務に忙殺された. つまり, これらの職能部の中にいくつもの製品の流れが生じたのである. ただし, 組織再編は在庫による売り上げ不振という事態を受けて初めて行われた.

最初の危機である1925年の石油製品の過剰生産による過剰設備は，既存職能部とりわけ国内営業部と精製部の問題を誘発し再編を促した．幹部経営陣による管理統制が強化されたが，かえって幹部は日常の業務活動に奔走させられた．さらにこれらの職能部は依然，委員会による集団運営体制であったため，意思決定が煩雑でしばしば遅延を招き，幹部の管理負担に拍車をかけた．このため，調整部や予算部など本社にスタッフ部門が新設され，製品の流れの調整と長期的な経営資源の割り当てを補佐するようになり，やがてこれらは本社のゼネラルスタッフへと育っていくが，全体として組織に大きな変更はなかった．

　委員会運営による国内営業部と精製部は依然低迷していたが，抜本的な対策がなされないまま，1927年に新油田の開発による過剰生産という第2の危機をむかえる．これに対応する形で，ついに国内営業部や精製部を含めた各職能部門は地域別の事業部か関係会社に分けられ，各長がその運営に完全に責任を負うことになり，分権的な事業部制が確立した．同時に，本社幹部は現業の責任から解放され，より長期的・戦略的な業務に専念できるようになり，ゼネラルスタッフを擁する総合本社が設立した．

　スタンダード石油は明確な計画がないために再編が遅れたのに対して，シアーズ・ローバックの経営陣は組織管理上の問題点を認識し，合理的に問題解決を図ろうとしたが，見当外れの計画のために再編が遅れたという．シアーズは1925年に多角化するまで，もともと国内農村向けの通信販売事業を営む商事会社であった．組織は，商品を調達する商品部，販売を担当する広告・カタログ部，商品を生産者や卸売り業者から顧客に届ける現業部などに分かれ，後に中央統制組織が設けられると，本部の商品部の部長が各製品系列の流れに権限と責任をもつようになり，1924年までには，集権的な職能部制が構築されていた．

　やがて，国内市場が変化した．アメリカが都市化し自動車社会が到来すると，農村の客が都市部で品物を手に入れるようになったのである．この事態を

第5章　組織は戦略に従う　➤チャンドラー, Jr.　33

受け，既存資源を遊休させないため，小売事業への転換が図られた．既存の設備や人材を活用する狙いから，新事業は従来の通信販売機構を通じて管理されることになったが，これが管理の複雑化を生んだ．たとえば，通信販売店から小売販売店に商品を供給したが，販売網が整備されておらず，その上，都会の大手百貨店やチェーン・ストアに対抗するためにも，品質が均一で流行の小売販売用の商品が必要だったが，用意できず，また対面販売にも不慣れであった．

　この問題に対して，通信販売店と小売販売店を管理する5つの地域事業部が創設されたが，古くからの職能別組織もそのまま維持され，両者をより大きな機構で統合する体制がとられた．この結果，さらに管理は複雑化し，1932年

図表5—2　職能別部門組織と事業部制組織の一般的概念図

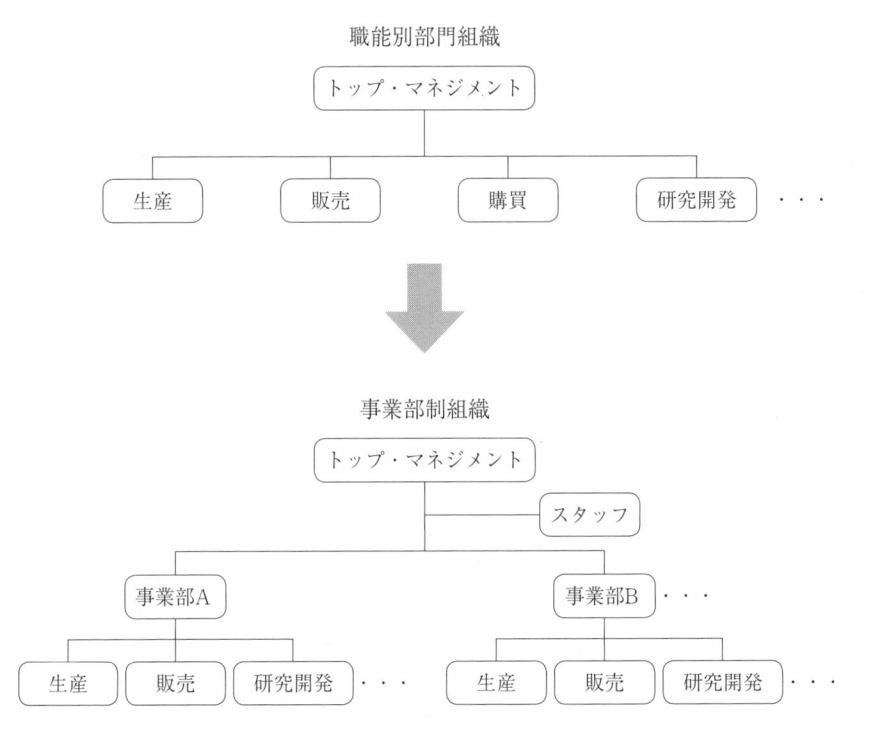

職能別部門組織

```
        トップ・マネジメント
    ┌──────┬──────┬──────┬──────┐
   生産    販売    購買   研究開発  ・・・
```

⬇

事業部制組織

```
        トップ・マネジメント ── スタッフ
    ┌──────────────────┬──────────────────┐
   事業部A              事業部B  ・・・
 ┌───┬───┬───┐      ┌───┬───┬───┐
生産 販売 研究開発 ・・・  生産 販売 研究開発 ・・・
```

にはいったん地域事業部を解体し職能別制に戻った．ところが，現場に近い地域支社長らは各職能の決定権限を戻すように強く迫り，本社の職能部と衝突することが多くなった．支社や支店が本社に期待していたのは助言や援助であり，現場を知らないものに実際の職務遂行が管理されるのを嫌ったのである．

こうして1940年までには，再度地域別の管理体制がとられ，各支社が地域別にまとめられた．この編成では各職能が各事業部へと割り当てられ，事実上の複数職能事業部へと生まれ変わり，1948年に最後の2つの地域別事業部が追加され終了した．

(3) 結論とその他の含意

以上から，多角化による新規事業進出や，広範囲の地理的領域において垂直統合が進められることで，既存の職能別組織では効率運営できない問題が生じ，その結果，ゼネラル・スタッフを有する総合本社の設立とワンセットで事業部制が成立し，戦略に構造が従ったことがわかる．と同時に，この命題が戦略と構造の関係を極力単純化させていることもわかる．つまり，この命題は戦略と構造の直線的な因果関係や遅滞のない連動関係を想起させるが，チャンドラーは，戦略変更の容易さと構造再編の困難さ，そして，戦略変更から構造再編に至るまでのタイムラグとその多様な媒介要因も，繰り返し指摘している[8]．

戦略変化が構造変化の先行条件だとすると，戦略自体はなぜかわったのか．それは外部環境や市場がかわったからだという．外部状況の変化に対応する形で，多角化や垂直統合，地理的拡大などが進められた．また，環境変化に伴う既存資源の遊休を避けようとする経営資源の効率活用も，戦略変更の動機となった．

しかしその後，戦略に適切な構造が直ぐに設けられることはほとんどなかった．戦略的拡大は複雑な管理問題を招き，経営者は日常業務に忙殺され重い管理負担に悩まされるが，実際の組織再編は，戦略への組織の不適合が成果の低迷という目に見える危機となるまで着手されない．また，戦略変更から最終的

な組織が設けられるまでの期間は各社によってさまざまだが，この長短は経営者の気質や個性に依存するという．

　日常業務に埋没する中で，この管理負担が組織の問題と気づき，その解決策を提案する経営者には共通点があり，主に専門経営者が多いという．創業者など初期の経営者は事業拡大など外部志向性が高く，あまり組織に関心をもたない．対して，次代の専門経営者は相対的に内部志向的で組織の要請を認識しやすいようである．

　また，彼らは単純な生え抜きタイプではなく，多少の外部経験を積んでおり，相対的に若い上，幹部職位に登用されて日が浅く，在任期間が短い点などが共通する．よってチャンドラーは，変革には一定の役割や行動様式に染まっていない経営者が理想であり，逆に既存の枠組みにとらわれている現経営陣では，新しい組織体制への心理的障害が強く変革をなしえないと述べている．したがって，しばしば若手に必要な権限がわたる経営者の世代交代が，組織再編を促す契機になるという．

　ここで，**図表5－1**を若干修正して**図表5－3**のように示すことができるだろう．以上の知見はその後の章において，70社に上る産業横断的な概観で再確認されている．

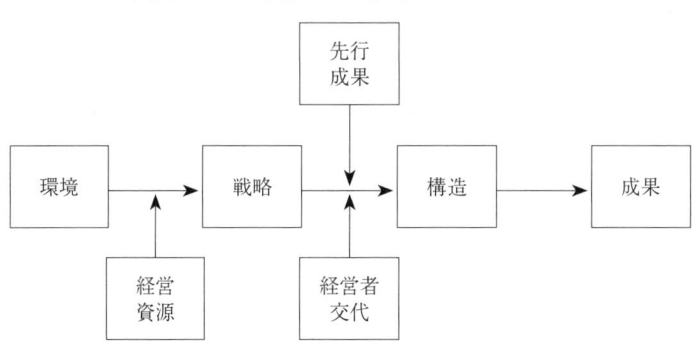

図表5－3　拡張された因果フレームワーク

出所）Chandler, Jr., A. D. (1962) および邦訳 (1967；2004) を参考に筆者作成

第3節　現代的意義

　チャンドラーが『経営戦略と組織』において扱った多角化や戦略的意思決定などの諸概念は，その後，アンゾフ（Ansoff, H. I., 1965）によって企業戦略の問題としてより精緻化されることになり，戦略論が経営学の中で本格的に論じられることとなる．ただし，チャンドラーが，なぜ多角化戦略の結果，事業部制が成立したのか，という歴史的経緯を描写したのに対し，アンゾフでは，いかにして多角化を行うのかという手法的・実践的な内容が示され，戦略論はより分析的・計画策定的な色合いを帯びていく[9]．また他方で，チャンドラーの研究は，ルメルト（Rumelt, R. P., 1974）やガルブレイス＝ネサンソン（Galbraith, J. R. and D. A. Nathanson, 1978）などの多角化戦略と組織構造に関する組織デザインの実証研究を触発した．

　また，チャイルド（Child, J., 1972）は，チャンドラーの知見に基づき，コンティンジェンシー理論に代わる戦略的選択論を提唱した．コンティンジェンシー理論は「環境諸条件→構造→成果」という因果図式を描き，外部環境や組織内の諸状況に応じて適切な組織構造が異なり，それら内外諸条件と構造の適合度合いによって一定の成果が達成されるとする．しかし，所与の諸条件によって自ずと構造のあり方が定まることから，組織の意思決定者の主体性を捨象し，決定論と批判される[10]．

　チャイルドによると，チャンドラーの研究は，構造の規定因とされる内外諸条件が，むしろ組織の意思決定主体の認識する考慮要因に過ぎず，実際には，構造が公式的な権限保持者の経営者や非公式の権力集団である支配的連合体（dominant coalition）の政治的プロセスを伴った戦略的な意思決定や判断，すなわち戦略的選択（strategic choice）の結果として定まることを明らかにしたという．

　そして，チャンドラーが開発した戦略という概念は，組織論において戦略的選択が決定的な変数であるということを示唆したと評価する．すなわち，環

境・状況変数から構造に至る媒介変数として戦略を指摘したといえる.

　反面,チャンドラーは戦略よりも組織に焦点を当て(大滝他,2006),図表5—3に示しているように戦略(引いては環境)に対する構造の成果的な適合性を論じており,その理論的枠組みはコンティンジェンシー理論と同型ともいえる.[11] また,1970年後半までには,多様な媒介要因や,構造不変のまま以前の戦略に回帰するようなケース,または戦略と組織の時差的不適合が存在したまま成果が維持・回復したりするケース,さらには戦略が構造に従うような逆の因果関係が見い出され,戦略から組織への一方的な規定関係にとどまらない,環境を含めた両変数の複雑な相互作用関係が提唱されるようになった.[12]

　また当然のことながら,チャンドラーが歴史分析を行った経済的・社会的背景は現代と異なる.チャンドラーは,市場経済の担い手が企業家の個人プレーから,大企業の専門経営者による組織的活動へと移り変わっていく過程を描いたが,現代では,革新の担い手として再び企業家が着目され,戦略内容も垂直統合や多角化といった成長・拡大型ではなく選択・集中型に変わっている.また,大企業体制の限界とベンチャー・ビジネスの台頭に伴い,組織構造も職能別組織や事業部制以外にもネットワーク型など多様なあり方がある.[13]

　このような理論的・時代的な制約はあるが,チャンドラーの示す戦略概念は基本的ゆえに普遍的で現代にも通用する.彼は戦略の要諦を,長期目的とその経路を定め,必要な経営資源を投入し実行することと説明している.このように戦略概念は本来目的概念を含み意図と不可分である.戦略は次第に形成され事後的な結果として説明されるもの以前に,意思をもち事前に構想するものでもある.不確実な将来を見通すことは困難だが,そのような戦略を明確に示し実践するのが経営者の責務であり,そのためには,チャンドラーが警告するように,経営者は定型的な日常業務に埋没するのではなく,戦略を絶えず内省する戦略的な意思決定業務に従事しなければならない.

　とりわけ,日本の製造業を中心とする大企業の強さは,現場に近いオペレーション・レベルの能力の蓄積にあり,他方,経営上層部の戦略構想力の弱さが

指摘されている(藤本,2004;三品,2004;沼上他,2006).現場から創発される革新を戦略と位置づけるだけでなく,戦略本来のあり方を充実することも重要であるように思われる.

注

1) バーナード(1938)については,土屋守章「企業戦略論の展望」土屋守章編『現代の企業戦略』有斐閣,1982年,p.14参照,ドラッカー(1954)については,大滝精一・金井一頼・山田英夫・岩田智『新版 経営戦略』有斐閣アルマ,2006年,p.7参照.
2) 石井淳蔵・奥村昭博・加護野忠男・野中郁次郎『新版 経営戦略』有斐閣,1996年,p.3
3) 経営学史学会編『経営学史事典』文眞堂,2002年,p.47,140
4) 同上書,p.300
5) 原著の structure は,1967年版の邦訳書では「機構」と訳されているが,現在では「構造」と訳すのが一般的であるだろう.そこで,2004年版の新訳書も参考にしつつ,本章では「構造」という訳語を当てた.
6) この記述は,Chandler, Jr., A. D., *Strategy and Structure*, MIT Press, 1962, p.13 を1967年版と2004年版の訳書を参考にしつつ,訳したものである.
7) 以下のケースの記述は,Chandler, Jr., A. D., *Strategy and Structure*, MIT Press, 1962. および,その1967年版と2004年版の邦訳書に基づいている.
8) これより展開する本章の議論についても,詳しくは Chandler, Jr., A. D., *Strategy and Structure*, MIT Press, 1962. および,その1967年版と2004年版の邦訳書を参照されたい.
9) 分析型戦略論の詳しい展開については,大滝精一・金井一頼・山田英夫・岩田智『新版 経営戦略』有斐閣アルマ,2006年,pp.8-10を参照のこと.
10) 以下のチャイルド(1972)によるチャンドラー(1962)の議論について,詳しくは,Child, J., "Organizational Structure, Environment and Performance: The Role of Strategic Choice", *Sociology*, Vol.6, 1972, pp.14-16 参照.
11) 加護野(1988)は,コンティンジェンシー理論とチャンドラー(1962)の想定する組織変動が同じモデルであることを示唆している.加護野忠男「組織変動と認識進歩」『組織科学』Vol.22, No.3, 1988年,pp.51-52参照.また,コンティンジェンシーの先駆的研究であるバーンズ=ストーカー(Burns, T. and G. M. Stalker)は構造のあり方を決定する要因として,環境および組織状況と同程度に,経営者の存在を重視している.Burns, T. and G. M. Stalker, *The Management of Innovation*, Tavistock, 1961, p.209 参照.

12) 代表的論者として，先述のガルブレイス＝ネサンソン（1978）や，マイルズ＝スノー（Miles, R. E. and C. C. Snow, 1978）があげられる．とりわけガルブレイス＝ネサンソンはチャンドラー命題と一致しないケースを詳細に検討している．ガルブレイス，J. R.＝D. A. ネサンソン（岸田民樹訳）『経営戦略と組織デザイン』白桃書房，1989年，pp.167-173参照．また，チャンドラー自身が，1989年に記した序文で，組織が戦略に影響すること，そして，自身の研究目的が当初から環境および戦略と組織の複雑な相互関係を調べることにあったと述べている．チャンドラー, Jr., A. D.（有賀裕子訳）『組織は戦略に従う』ダイヤモンド社，2004年，pp. xv-xvi参照．

13) こうしたチャンドラー・モデルの限界に関する議論について詳しくは，安部悦生「チャンドラー・モデルとアメリカの経営発展」安部悦生・壽永欣三郎・山口一臣『アメリカ経営史』有斐閣ブックス，2002年，あるいは，安部悦生「経営史におけるチャンドラー理論の意義と問題点」『明治大学　経営論集』第51巻第3号，2004年を参照．

参考文献

Ansoff, H. I., *Corporate Strategy*, McGraw-Hill, 1965.（広田寿亮訳『企業戦略論』産業能率大学出版部，1969年）

Barnard, C. I., *The Functions of The Executive*, Harvard University Press, 1938.（山本安二郎・田杉競・飯野春樹訳『新訳　経営者の役割』ダイヤモンド社，1968年）

Burns, T. and G. M. Stalker, *The Management of Innovation*, Tavistock, 1961.

Chandler, Jr., A. D., *Strategy and Structure*, MIT Press, 1962.（三菱経済研究所訳『経営戦略と組織』実業之日本社，1967年）

Chandler, Jr., A. D., *Strategy and Structure*, MIT Press, 1962.（有賀裕子訳『組織は戦略に従う』ダイヤモンド社，2004年）

Chandler, Jr., A. D., *The visible hand*, Belknap Press, 1977.（鳥羽欽一郎・小林袈裟治訳『経営者の時代』東洋経済新報社，1979年）

Chandler, Jr., A. D., *Scale and scope*, Harvard University Press, 1990.（安部悦生ほか訳『スケール・アンド・スコープ』有斐閣，1993年）

Child, J., "Organizational Structure, Environment and Performance: The Role of Strategic Choice", *Sociology*, Vol. 6, 1972, pp. 2-22.

Drucker, P. F., *The Practice of Management*, Harper & Brother, 1954.（現代経営研究会訳『現代の経営　上・下』ダイヤモンド社，1987年）

Galbraith, J. R. and D. A. Nathanson, *Strategy Implementation*, West Publishing Co., 1978.（岸田民樹訳『経営戦略と組織デザイン』白桃書房，1989年）

Miles, R. E. and C. C. Snow, *Organizational Strategy, Structure, and Process*, McGraw-Hill, 1978.（土屋守章・内野崇・中野工訳『戦略型経営』ダイヤモンド社，1983 年）

Rumelt, R. P., *Strategy, Structure, and Economic Performance*, Harvard University Press, 1974.（鳥羽欽一郎・山田正喜子・川辺信雄・熊沢孝訳『多角化戦略と経済成果』東洋経済新報社，1977 年）

安部悦生「チャンドラー・モデルとアメリカの経営発展」安部悦生・壽永欣三郎・山口一臣『アメリカ経営史』有斐閣ブックス，2002 年

安部悦生「経営史におけるチャンドラー理論の意義と問題点」『明治大学　経営論集』第 51 巻 3 号，2004 年

石井淳蔵・奥村昭博・加護野忠男・野中郁次郎『新版　経営戦略』有斐閣，1996 年

大滝精一・金井一頼・山田英夫・岩田智『新版　経営戦略』有斐閣アルマ，2006 年

加護野忠男「組織変動と認識進歩」『組織科学』Vol. 22, No. 3, 1988 年

土屋守章「企業戦略論の展望」土屋守章編『現代の企業戦略』有斐閣，1982 年

沼上幹・軽部大・田中一弘・島本実・加藤俊彦・生稲史彦「日本企業における組織劣化現象と組織デザイン」『組織科学』Vol. 39, No. 4, 2006 年

藤本隆宏『日本のもの造り哲学』日本経済新聞社，2004 年

三品和広『戦略不全の論理』東洋経済新報社，2004 年

第6章
過渡期の経営戦略論
➤ スタイナー

第1節　背景と問題意識

　スタイナー（Steiner, George A.）は，1912年生まれで，テンプル大学，イリノイ大学等で経済学を学び，卒業後はロッキード航空会社に勤務した後，一時政府機関にも在職したが，1956年からカリフォルニア大学ロサンゼルス校で教職に就いた．多くの会社の取締役を兼務しながら，戦略経営計画の第一人者として多数の会社の指導もしている．また，経営計画についてのいくつかの著書を書いている．ここで参考にする『戦略経営計画』は，序文によれば，『総合経営計画』（1971）の改訂版である．同じ時期に *Strategic Planning*（1979）も著しており，両者を参考にしたが，内容的に大きな違いはない．スタイナーの戦略経営計画（Strategic Managerial Planning）は，戦略計画を定義する中で，計画を広義の戦略・狭義の戦略・中期計画・短期計画と区分し，具体的には製品市場戦略を中心として，計画策定のプロセスを展開している．戦略経営計画という表現は，長期経営計画から，経営戦略へと移行する時期に使われた言葉であるが，スタイナーは，同じ概念の用語を総合企業計画（comprehensive corporate planning），総合経営計画（comprehensive business planning），総合経営計画（comprehensive managirial planning），総合計画（total overll planning），長期計画（long-range planning），公式計画（formal planning），総合的統合計画（conprehensive integrated planning），企業計画（corporte planning），戦略計画（strategic planning），

あるいは，これらを組み合わせて用いている[1]．内容的に大きく変わるものではないが，表現が多様であり，経営戦略論が経営学の中で市民権を得るまでの過渡的時期の用語の混乱を表しているといえる．スタイナー理論は，スタイナーモデルとして，1970年代の初めにわが国でもかなり紹介されている[2]．

第2節　理論的フレームワーク ―初期の製品市場戦略―

　スタイナーは，戦略計画を直観的なものと公式のものに分けている[3]．直観的な計画とは，経営者が頭の中で経験的に，直観的に考え出したものであり，構想として文書化されないものも多い．天才的な経営者ならば，直観的な能力で計画し実行できるかもしれないが，多くの組織がこのような天才をもつことは不可能であるし，それが正しいかどうかもわからない．一方，公式の計画は，一定の手続きのもとに組織化され展開されたものであり，調査や多くの人の協力に基づくため，周知のものとなりやすい．明示的で文書化された計画である．この2つの対立的な計画は両立しないように思われるが，現実的には，2つの計画は混合して存在し，お互いに補完し合っている．経営者の鋭い直観力を公式の計画の中に組み入れることが，計画を有効なものとする．

(1) 公式の戦略計画

　スタイナーは，企業の長期計画には4つの特性があるとする[4]．第1は，長期計画に関わる意思決定は，未来をみることであり，未来に対する行動の代替案を選択することであるとする．長期計画の本質は，予測しうる未来の機会と脅威を見い出し，未来の機会を利用し脅威を避けるための意思決定の基礎となる．第2は，総合経営計画はひとつのプロセスであり，企業目標を設定し，それを達成するための戦略や方針を決定し，戦略実行の詳細な計画を立案するということである．つまり，企業が未来において，何を，いつ，いかに，誰が行うかを決定するプロセスであるとする．第3には，経営計画は哲学であり，企

業全体のものの考え方や空気と関係があるとする．経営計画が有効になるためには，それにふさわしい空気が必要であり，公式の計画が必要であるという共通認識が重要になる．第4は，総合経営計画は，さまざまな計画の統合であり，企業の各階層の計画を統合し，目標，戦略，方針などの機能別計画を統合するものであるとする．こうした経営計画の特性や重要性の指摘の一方で，戦略計画にあらざるものを峻別している[5]．

戦略計画は，未来を決定することではなく，将来の望ましい可能性を選ぶことであり，単なる予測以上のものを計画することであるという．つまり，製品領域，基本目標，製品の陳腐化，市場の増減などを検討しながら，自社を見つめ直し，将来の売り上げ，利益の予測値と経営者のもつ目標値のギャップを満たすものが総合経営計画であるとする．

(2) 計画策定プロセス

(図表6―1)[6]は，経営計画の構造と立案の過程を図示したものである．計画の計画とは，計画立案の規定であり，計画の必要性，計画遂行のための必要データ，必要な諸規則等，計画において何をすべきかが明確にされる．**図表6―1**からもわかるように，計画のためには，外部の利害関係者の期待（株主，顧客，取引先等），内部の利害関係者の期待（経営者，管理者，従業員等），過去の実績や現況に関するデータ，あるいは予測値，環境評価（機会，脅威，自社の強み，弱み）に基づいて，基本戦略が立案される．基本戦略は，全体的な戦略だけでなく，個別戦略も含まれる．個別戦略とは，会社の買収，資源の獲得や処分，ヨーロッパ市場への進出や新製品開発など戦略性の高い個別計画をいう．基本戦略は，製品別を中心とした中期総合計画に分割され，短期計画として予算に具現化され実行される．

戦略は，マーケティング，製品，多角化等，あらゆる組織の活動領域に該当するものであり，機能別個別計画などに反映される．スタイナーは，戦略プロフィールの作成に当たって，現在の製品市場戦略で問題点を検討する上で，代

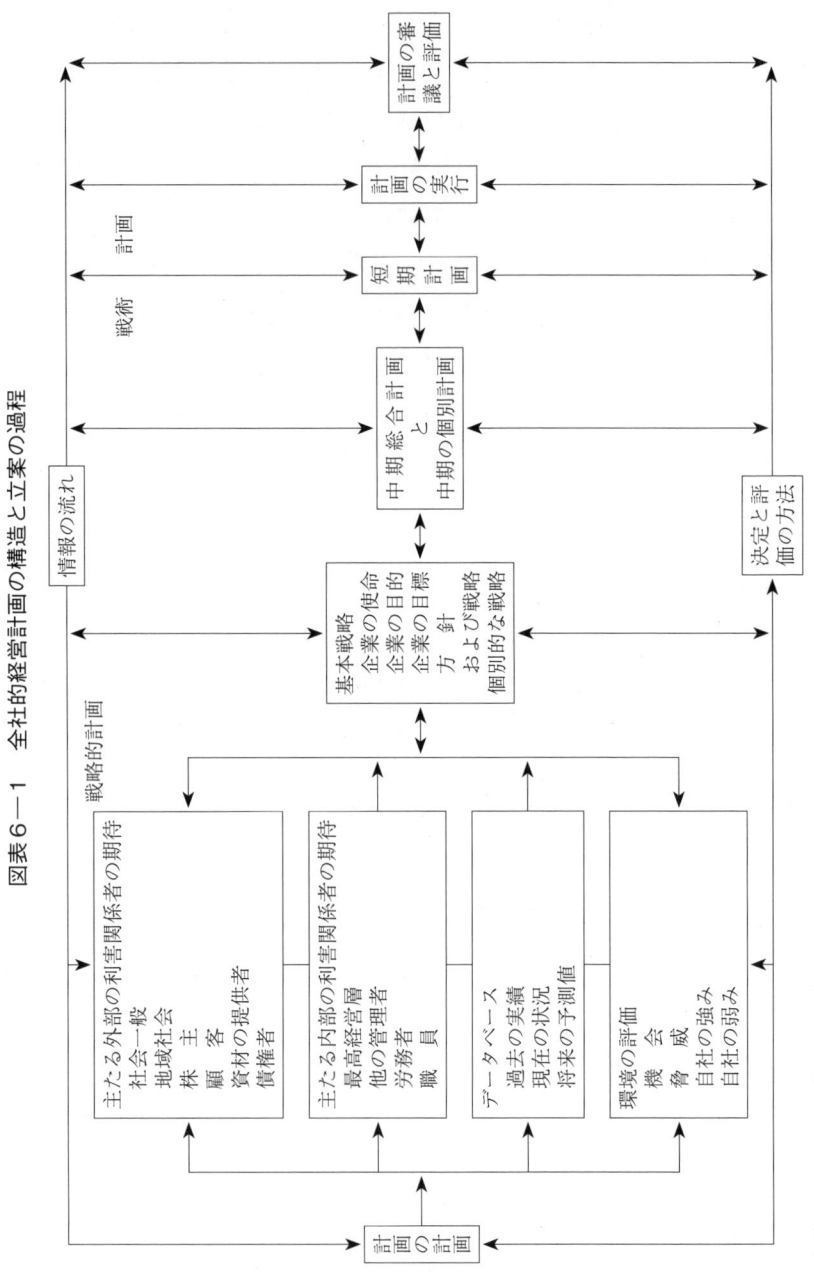

図表 6—1　全社的経営計画の構造と立案の過程

```
                                                          ┌─────────┐
                                                          │計画の審 │
                                                    ┌────→│議と評価 │←───┐
                                                    │     └─────────┘    │
                                                    │          ↕         │
                                                    │     ┌─────────┐    │
                                                    │     │計画の実行│   │
                                                    │     └─────────┘    │
              計画                                   │          ↕         │
                                                    │     ┌─────────┐    │
              戦術                                   │     │短期計画 │    │
                                                    │     └─────────┘    │
                                                    │          ↕         │
                                                    │  ┌──────────────┐  │
                                                    │  │中期総合計画と│  │
                                                    │  │中期の個別計画│  │
   情報の流れ                                        │  └──────────────┘  │   決定と評
                                                    │          ↕         │   価の方法
                                                    │  ┌──────────────┐  │
                                                    │  │基本戦略       │  │
                                                    │  │企業の使命的目的│ │
                                                    │  │企業の目標     │  │
                                                    │  │方針           │  │
              戦略的計画                              │  │および戦略     │  │
                                                    │  │個別的な戦略   │  │
                                                    │  └──────────────┘  │
                                                    │    ↗ ↑ ↖          │
  ┌─────────────────┐                                │                   │
  │主たる外部の利害関係者の期待│                      │                   │
  │社会一般              │────────────────────────────┤                   │
  │地域社会              │                            │                   │
  │株主                  │                            │                   │
  │顧客                  │                            │                   │
  │資材の提供者          │                            │                   │
  │債権者                │                            │                   │
  └─────────────────┘                                │                   │
  ┌─────────────────┐                                │                   │
  │主たる内部の利害関係者の期待│                      │                   │
  │最高経営層            │────────────────────────────┤                   │
  │他の管理者            │                            │                   │
  │労務者                │                            │                   │
  │職員                  │                            │                   │
  └─────────────────┘                                │                   │
  ┌─────────────────┐                                │                   │
  │データベース          │                            │                   │
  │過去の実績            │────────────────────────────┤                   │
  │現在の状況            │                            │                   │
  │将来の予測値          │                            │                   │
  └─────────────────┘                                │                   │
  ┌─────────────────┐                                │                   │
  │環境の評価            │                            │                   │
  │機会                  │                            │                   │
  │脅威                  │────────────────────────────┘                   │
  │自社の強み            │                                                │
  │自社の弱み            │                                                │
  └─────────────────┘                                                    │
         ↑                                                                │
  ┌──────────┐                                                           │
  │計画の計画│←──────────────────────────────────────────────────────────┘
  └──────────┘
```

出所）Steiner, G. A. (1979, p.17)

図表6−2　製品と市場のマトリックス

PRODUCT＼MARKET	現在の製品	関連した製品	異なった製品
現在の市場	低いリスク		高いリスク
関連市場			
異なった市場	高いリスク		過大なリスク

出所）Steiner, G. A.（1979, p. 180）

　替案と，そのリスクを（図表6−2[7]）のように考えている．既存の市場に既存の製品を投入する場合はリスクが低いが，異なった市場に既存製品を投入したり，異なった製品を既存市場に投入する場合は，高いリスク負担を強いられることになる．一方，異なった製品を異なった市場に投入することは，過大なリスクを負うことになる．アンゾフは，製品市場マトリックスにおいて，この領域を多角化と規定したが，スタイナー流にいえば，多角化は過大なリスクを負うものであるといえる．また，戦略の観点はさまざまにあるが，多数の製品をもつ会社の製品マトリックスを作り，自社の強みと業界の魅力度を比較することで，製品ごとの戦略を容易に見い出せるとする（図表6−3）[8]．自社の弱い製品分野で業界での魅力もなければ，撤退もひとつの戦略になりうるし，逆に自社の強み部分で業界としての魅力度も高ければ，投資をすることで成長が期待できる．つまり，自社の能力の分析が正確になされ，業界の魅力度を明確に把握できるならば，個々の製品における戦略も具体性を帯びた展開が可能になる．自社能力の評価や業界評価には次のようなものが該当する[9]．前者は市場占有率，市場地位，収益性，売上利益率，技術的な優位性，会社イメージ等があげられ，後者は，市場規模，成長率，競争状態，業界の収益性，価格競争の状態，政府の統制，法的制約などがある．

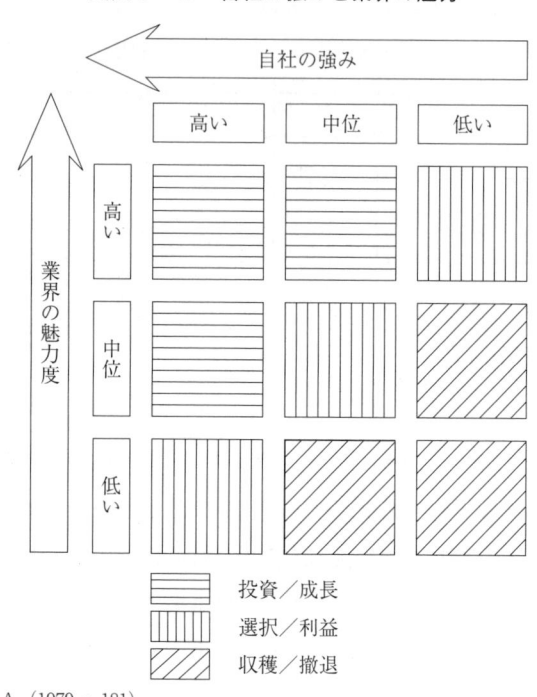

図表6－3　自社の強みと業界の魅力

	自社の強み		
業界の魅力度	高い	中位	低い
高い	投資/成長	投資/成長	選択/利益
中位	投資/成長	投資/成長	収穫/撤退
低い	投資/成長	収穫/撤退	収穫/撤退

出所) Steiner, G. A. (1979, p. 181)

　戦略のアイデアを発見するためには，製品のライフサイクル，シミュレーション，計量経済学的なモデルが有効である．しかし，直観力，場当たり的な試行錯誤的方法，あるいはあまり優れていない戦略が成功をもたらすこともある．また，真に重要な要因を見つけだすことで，それに集中することも必要である．いわゆる，コア・コンピタンスであり，おもちゃ会社での新しい創造力，航空機製造会社での優れた技術力，失敗をおかさない能力が例としてあげられている．これら以外にも，市場における他の会社の気づかないすきまを見つけ（ニッチ），低コストで顧客ののぞむ商品を提供したり，他の会社の真似をすることなどがアイデアとして含まれている．

　アイデアが決まれば，それは評価される．評価は定量的・定性的な方法等で

第6章　過渡期の経営戦略論　➤スタイナー　47

なされるが、スタイナーは、25の評価項目をあげている[10]。河野は訳者の解説としてこの項目を7つに分類している[11]。

1. 経営理念との適合：会社の戦略が会社の強み、目標、方針、資源、そして経営者や従業員の価値基準に適合しているか。

2. 市場の要求に合致しているか：会社の戦略が他社によってまだ満たされない市場のすきまを見つけるものであるかどうか。

3. 競争力があるか：会社の戦略が新しい製品を新しい市場に導入する計画をもっているか。もしそうならば、それを注意深く再検討すべき。

4. 戦略の実行のタイミングは正しいか：戦略が各製品のライフサイクル時の特徴にうまく合致しているか。

5. その戦略は、資金調達、法律、政府の規制などからみて実行可能か：会社の資金とその調達力とは、目標とする市場占有率を達成するために十分であるか。現在は十分でなくとも将来適正な資金コストで調達しうるか。

6. 計画の構成は合理的にできているか：現在検討中の戦略は適正に相互に関連する手段的な戦略によってうまく構成されているか。

7. その計画から十分な利益が得られるか：会社の戦略が最悪の場合のリスクと最大の利益とがバランスをとっており、それらが会社の資源や可能性と適合しているか。

ここでは河野の分類にしたがって、特徴的なものを例としてあげてみた。戦略が立案され、アイデアが提案されれば、それらはこうした評価項目によって検討が加えられて、戦略としての評価が行われる。

(3) 計画プロセスの設計

計画のプロセスを設計する上で、経営者の役割は、戦略計画とは何であり、どのような有用性があるのかを自覚することから始まる。それによって、具体的な計画プロセスを設計することができる。計画が設計されるためには、次にあげる4つのアプローチがあるという[12]。① トップダウン、② ボトムアップ、

③トップダウンとボトムアップの混合，④事業部の長による委員会（小会社）である．

　①トップダウンな会社においては，総合計画はトップによって作成され，各部門が計画を立てる場合もトップの制約のもとに計画が立案される．分権的な場合，トップはガイドラインを各部に示し，計画立案を指示する．提出された計画案は，本社で審議され，修正，または承認される．②ボトムアップの場合は，各部門にガイドラインを与えることなく計画立案を指示する．情報として，主な機会と脅威，主要な経営目標，目標達成のための戦略，販売，利益，期待する市場占有率，必要な資金，必要なマンパワー等が要求され，トップによって検討され，修正，または承認される．③両者の混合とは，分権的な会社で取り入れられている方法であり，トップは，具体的ではなく広範なガイドラインを示すだけにとどまり，各部門の自由裁量の余地を大幅に残す．ただし，トップは管理者と意見交換等をすることで会社の基本的な目標をつくり出す．④小会社の場合，経営者は，事業部門の長による委員会を設け，公式の計画を立案する．事業部制をもつ大きな会社でも同様の立案過程を設けているところもある．また，経営会議において戦略計画の検討が行われるところもある．

　個別組織の特性に応じて，計画システムは，いくつかの代替案を選択すべきであるという[13]．主な代替案は次の通りである．①計画の完全性：図表6—1のような完全なモデルで立案することは非常に手数がかかるので，主な機会と脅威を発見し，機会を利用し，脅威を回避することだけに集中することもできる．②分析の深さ：初めから多量の分析を要求すると各部門やスタッフに重荷がかかりすぎるので，回避すべきである．データや審議の評価には，経営者の主観的判断が用いられてもよい．③形式の統一：計画システムは，公式で儀礼的なものであってもよいし，非公式なものであってもよい．立案者はどちらかを選択することができる．④長期計画と短期計画の関連：年度予算の数字は，5ヵ年計画の初年度の数字でもよいし，それを基礎としてもよい．⑤

計画期間：3年か5年．⑥計画立案の担当者としての企画部：各組織は，企画部の必要性や職責が何であるかを決める．企画部長はトップに直属であるべきであり，さまざまな部門での計画を統合する役割をもつ．また，企画部長は，計画実行についての責任を負わない．⑦計画立案をどこから開始するか：計画の立案を図表6-1のようなプロセスで始める必要はない．計画が開始されれば，図表6-1の項目は立案の対象にすべきである．⑧計画立案への参加：計画立案についてはさまざまな方法がある．立案に当たって，経営者がスタッフに依存する度合いにはさまざまな程度がある．⑨最高経営者の役割：総合計画の立案は最高経営者の責任である．権限の一部委譲はあっても全部を委譲することはできない．計画システムの設計は，最高経営者が，専制的か民主的かによって異なり，意思決定への部下の参加を認めるか独裁的か，さまざまなタイプがある．⑩立案のスケジュール：企業によってさまざまなタイプがある．

最後に，スタイナーは，戦略計画をシステムとして考慮する時の教訓を経験的に述べている[14]．①戦略計画とは何か，組織に対して何ができるかの明確な理解なくして，行うべきではない．②計画立案のガイドを作るべきである．③はじめて計画を立てるときは，組織の空気が計画に適しているか否かを知るべきである．経営者は，率直に心を開き，批判や不愉快な事実も受け入れるべきであり，計画の価値や必要性を説得すべきである．計画立案を含む全体の空気の方が，計画の技術的手法よりも重要である．④急がば回れ．⑤計画システムは，経営者の最も重要な事項を解決するようにすべきである．⑥計画システムは組織の特性に適合すべきである．⑦計画は現実的なものであって，理想的であるべきではない．⑧ラインの管理者は実行する人であり，尊重されなければならない．⑨後に述べる10の欠点を避けよ[15]．

第3節　現代的意義

　スタイナーは，前述したように，経営戦略という表記を，戦略計画，総合経営計画，総合長期計画あるいは，総合管理計画，総合計画，長期計画，統合された計画，企業計画，公式の計画，全般的な計画などとすべて同じ意味をもつものとして使用している．実践的な観点からすれば，内容が問題であって，用語上の違いは問題ないのかもしれない．しかし，このスタイナーの理論，また彼の時代では経営戦略という用語は，まだ認識されていない．戦略的計画という概念も，長期的なものだけでなく，中期計画までが対象となっている．中期計画や個別計画も戦略計画とするスタイナー理論では，逆に戦略とは何かという問題が現れてくる．概念的には長期経営計画の立案が主たる目的であり，戦略性を強調するまでには至っていないといえる．この点は，第7章で述べるアンソニーが，企業の外部環境の変化に対応することを目的とした戦略計画システムを考えたことと視点が異なっている．

　今回は，1977年の版を用いたが，一般にスタイナーモデルとして紹介されるものは，1960年代後半の著書であり[16]，基本的にはここで取り上げた内容と同じであるが，モデル構築の上では多少の違いがある．計画立案過程（図表6－1）の計画の計画，および環境分析の部分が詳細になったことである．1960年代のスタイナーモデルでは，環境分析の部分が基礎的前提と表現され，①企業の基本的な社会・経済目的，②トップ・マネジメントの価値観，③企業内外の問題や機会，企業の長所・短所の評価の3つが検討されているにすぎない．ただし，全体的な枠組みが変わっているわけではない．スタイナーは，経営計画論から経営戦略論への過渡的な段階での代表的な理論であるといえる．

注
1）Steiner, G. A., *Strategic Planning*, Free Press Paperbacks, 1979, p. 13.
2）たとえば，古川栄一編『経営計画』同文館，1972年，中村元一ほか『経営計画入門』日本生産性本部，1973年，占部都美『経営戦略と経営計画』同文館，

1971年などがある.
3) スタイナー, G. A. 著, 河野豊弘訳・解説『戦略経営計画』ダイヤモンド社, 1978年, pp. 6-7
4) *Ibid.*, p. 8-10
5) *Ibid.*, p. 11-12
6) Steiner, G. A., *Strategic Planning*, Free Press Paperbacks, 1979, p. 17.
7) *Ibid.*, p. 180
8) *Ibid.*, p. 181
9) スタイナー著, op., pp. 34-35
10) *Ibid.*, pp. 37-39
11) *Ibid.*, p. 116
12) *Ibid.*, pp. 59-68
13) *Ibid.*, pp. 61-64
14) *Ibid.*, pp. 67-69
15) 10の欠点とは, スタイナーが陥りやすい誤りとしてあげた50の誤りの中の主たるものである. ①トップが計画機能を企画部に権限委譲できると考えること. ②トップが長期計画に十分時間を注がず, 計画の立案が管理者やスタッフによって信用されていないこと. ③長期経営計画立案の前提として妥当な企業目的を設定しないこと. ④立案のプロセスにおいて, 主たるラインの管理者が十分に参加しないこと. ⑤計画を管理者の業績評価の基準として使わないこと. ⑥計画立案に協力的でありすぎて, 反対の意見を封じる空気を作らないこと. ⑦会社の総合計画は, ときに全体としての管理のプロセスから分離できるものであると考えること. ⑧計画システムをあまりに形式的に詳細を決めてしまい, 弾力性がなく, 余裕がなく, 重点的でなく, 創造性を制限するようなものでないこと. ⑨トップが長期計画を作った部門の長や事業部長とともに審議しないこと. ⑩トップが公式の計画システムをしりぞけ, 公式の計画と矛盾する直観的な決定をすること.
16) 1960年代には, 以下の著書がある. Steiner, G. A., *Managerial Long-range Planning*, 1963, *Top-Management planning*, 1969.

参考文献

Steiner, G. A., *Strategic Managerial Planning*, The Planning Executives Institute, 1977. (河野豊弘訳・解説『戦略経営計画』ダイヤモンド社, 1978年)
Steiner, G. A., *Strategic Planning*, Free Press Paperbacks, 1979.

第7章
製品—市場戦略と戦略経営の父
➤ アンゾフ

第1節　背景と問題意識

　アンゾフ（Ansoff, H. I.）がその戦略論で世を問うた60〜70年代の社会は，大きな変化の頃合いを迎えていた．東西の冷戦構造がスタートし，各地では地域紛争が勃発，また，ベトナム戦争は泥沼化の一途を辿っていった．このような社会の淀んだ雲行きもさることながら，経済の世界においてもこの頃は転換の時期を迎えていた．アンゾフは，ベル（Bell, D.）の言葉を借り，その社会を「脱産業社会（postindustrial society）」とよんだ．世の中は，それまでの工業中心の社会を抜け出し（中心となる業界が成熟化し），そこにサービス産業や情報産業，知識産業とよばれるような財のみならず知識や情報を主に置く業界が台頭する社会に移り変わろうとしていたのである．アンゾフは，このような時代の「変動」を「乱気流（turbulence）」に譬え，産業革命期のアメリカ，その後に続くアメリカの大量生産時代（20世紀初頭から1930年代くらいまで），大量マーケティング時代（1930年代から50年代の半ば頃まで）と時代を追うごとにその乱気流は，激しさの度合いを増してきているとしている．彼によれば，この乱気流の程度は，大きく分けると「安定している乱気流」，「乱気流のシフト」，「乱気流の緩慢な移行」の3つに，より細かく分けるならば，**図表7―1**に示されるとおり，安定的，反応的，先行的，探求的，創造的という5段階に分けることができる．ここで，安定的水準が最も静穏な環境を表し，逆に創造的水準が

図表7－1　業界における環境の乱気流の基準

乱気流の水準 変化の特徴	安定的	反応的	先行的	探求的	創造的
戦略的な予算の強度	低い	→	→	→	高い
予測可能性	大半の変化を十分に予測可能	→	→	→	不足の現象が頻繁に発生
頻度	低い	→	→	→	高い
対応時間	長い	→	→	→	短い
新奇性（現有能力の応用性）	現存の能力で適応可能	現有能力で部分的に調整	現有能力の部分的拡大	現有能力の新奇な組合せ	新奇な能力必要
乱気流の水準（対応を成功させるための知識の状態）	完全なインパクト	最初のインパクト	推定された結果	決定された対応あるいは決定されたインパクト	識別された源泉あるいは乱気流の感知
適応可能な予測技術	従来の予測技術の使用	経営コントロール	現状延長	脅威・機会分析あるいは弱い信号の探知	弱い信号の探知

出所）Ansoff, H. I.（1979）邦訳（2007, p. 76）に加筆修正

「主要な技術の飛躍的な発展あるいは社会的・政治的な激変によって特徴づけられる」[1]環境を表している．とりわけ20世紀の乱気流は，変化の新奇性（過去の経験とは無関係の出来事の真新しさ），環境の強度（取引先との関係維持に必要なコスト），環境変化の速度，環境の複雑性（予測の困難性）という4つの性質の増大という傾向をもつと考えられている．

さて，このような乱気流渦巻く環境のなか，企業は，ときにそれに抗い，ときにそれを掻い潜り，ときにそれをうまく利用しながら，自らの目的を達成し存続・発展していかねばならない．アンゾフは，企業のそのような目標達成，成長，生き残りをかけた戦略に対する総体的で実用的な分析的アプローチをつくり上げようと試みた．それが著書 *Corporate Strategy*（『企業戦略論』）で示した「全社戦略（corporate strategy）」である．アンゾフがこれを記した60年代中頃は，脱産業社会化しつつあるといえども，まだ世界（とりわけアメリカ）経

済も好調で,乱気流は21世紀の今ほど激しくはなかった.そのため,各企業は,さらなる「成長」のための戦略を模索しており,彼の戦略論もまたその指針となるものであった.

さらに,アンゾフは,全社的な戦略(計画)のみならず,激しい乱気流の環境に対する組織の適応プロセスを明らかにしようと試みた.つまり,計画した戦略をうまく実行し,乱気流の中を逞しく生きる組織のあり方,その経営の仕方を明らかにしたのである.それが,著書 Strategic Management(『戦略経営論』)で示した「戦略経営(strategic management)」である.この「戦略を実行する組織のあり方」というくだりで,ピンとくるのは(とくに本書をはじめから丹念に読んでいる読者なら),チャンドラー(Chandler, Jr. A. D.)(本書第5章)のいう「組織は戦略に従う」という命題である.アンゾフ本人もこの戦略経営論の意図を「チャンドラー流の仮説—戦略が先行し,組織機構がそれに追随する,という仮説—の拡大版と精緻版である[2]」としているゆえ,戦略経営論における彼の狙いはまさにそこにある.

本章では,アンゾフの数多くの業績の中でも上で取り上げた2つの議論,つまり「全社戦略」と「戦略経営」の2つについて,とりわけ前者に重きを置きながら,前掲の2つの書を用いて検討していくことにしよう.

第2節　理論的フレームワーク
―全社戦略の4つの構成要素と戦略経営―

(1) 全社戦略
1) 戦略とは

アンゾフによれば,先述したような乱気流時代にある当時にあって,「企業にとって,その活動範囲と成長の方向をはっきりさせることが必要だということや,企業の目標といったものだけではこの必要性を満たすのに不じゅうぶんであること,また,企業が順調にしかも利益をあげつつ成長を続けるために

第7章 製品—市場戦略と戦略経営の父 ▶アンゾフ　55

は，さらになんらかの意思決定ルールが必要であること，などが理解されるようになって」きた[3]．彼によれば，この意思決定ルールや指針を「戦略」とよぶ．さらに具体的には，戦略とは，以下のような3つの特徴でもって示されるものである[4]．つまり，

(1) 企業の事業活動についての広範な概念を提供し，
(2) 企業が新しい機会を探求するための個別的な指針を設定し，
(3) 企業の選択の過程を最も魅力的な機会だけにしぼるような意思決定ルールによって企業の目標の役割を補足する，

といったものである．

そして，この戦略に関する意思決定を「戦略的意思決定」という．アンゾフによれば，意思決定には，「戦略的—」以外にも管理的意思決定，業務的意思決定というタイプの意思決定が存在し，それぞれ内容もまた従事することが想定される階層も異なる（図表7—2参照）[5]．

まず，業務的意思決定は，効率や現行業務の収益性の最大化を目的として行われる意思決定である．この意思決定で決められることは，たとえば，価格設定やマーケティング戦略の設定，生産に関する日程計画，在庫量，業務に関わる費用の決定などである．これら意思決定は，主に，ロワーマネジメントによって行われる．

次に，管理的意思決定は，「最大の業績能力を生み出すように企業の資源を組織化するという問題」に関わる意思決定である．この意思決定で決められることは，組織機構に関する権限と責任の関係，業務や情報のフロー，流通経路，諸施設の立地といったことに関するものや，あるいは資源（いわゆる人・モノ・金・情報）の調達と開発（人の訓練なども含まれる）に関するものであるとされている．これら意思決定は，主に，ミドルマネジメントによって行われる．

最後に，アンゾフの主題である「戦略的意思決定」は，企業の内部よりもむしろ外部，具体的には，「企業が生産しようとしている製品ミックスと，販売

図表7－2　意思決定の3種類

	戦略的意思決定	管理的意思決定	業務的意思決定
問題	企業の資本収益力を最適に発揮できるような製品―市場ミックスを選択すること	最適度の業績をあげるために企業の資源を組織化すること	資本収益力を最適度に発揮すること
問題の性格	総資源を製品―市場の諸機会に割り当てること	資源の組織化，調達，開発	主要な機能分野に資源を予算の形で割り当てること． 資源の適用と転化を日程的に計画すること 監督しコントロールすること
主要な決定事項	諸目標および最終目標 多角化戦略 拡大化戦略 管理面の戦略 財務戦略 成長方式 成長のタイミング	組織機構―情報，権限および職責の組織化 資源転化の組織化―仕事の流れ，流通システム，諸施設の立地 資源の調達と開発―資金調達，施設および設備，人材，原材料	業務上の諸目標と最終目標 販売価格とアウトプットの量的水準（生産高） 業務中の諸水準―生産の日程計画，在庫量，格納 マーケティングの方針と戦略 研究開発の方針と戦略コントロール
主たる特性	集権的に行われるもの 部分的無知の状態 非反復的 非自然再生的	戦略と業務の間の葛藤 個人目標と組織目標との葛藤 経済的変数と社会的変数との強い結びつき 戦略的問題や業務的問題に端を発していること	分権的に行われるもの リスクと不確実性を伴うこと 反復的，多量的 複雑さのために最適化が二義的にならざるをえないこと 自然再生的

出所）Ansoff, H. I.（1965）邦訳（1969, p. 12）を加筆修正

しようとしている市場の選択に関するもの[6]」である．つまり，それは，製品―市場ミックスの選択（多角化，拡大化，撤退など）であり，これはアンゾフ戦略論の真骨頂でもある．また，その他にも企業目標の設定や資源の割り当てに関する意思決定などもこの戦略的意思決定の重要な決定事項である．とりわけ企業目標の設定は，図表7－3中の①にあるように戦略的な意思決定の最初のプロセスであり，ここで企業は，長期，短期，柔軟性（不測の事態に柔軟に対応す

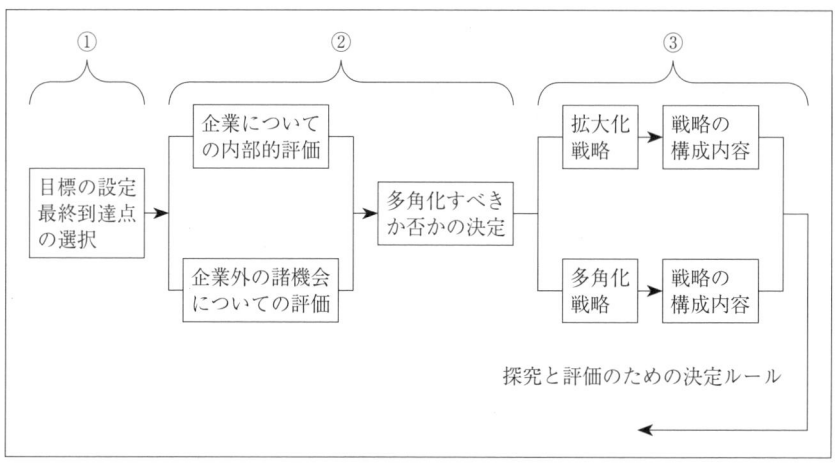

第7章　製品―市場戦略と戦略経営の父　➤アンゾフ　57

図表7―3　戦略を形成するための意思決定フローの概略

```
①                    ②                        ③
┌─────┐         ┌──────────┐         ┌──────┐  ┌──────┐
│目標の設定│  →  │企業について│  →  │拡大化│→│戦略の│
│最終到達点│     │の内部的評価│     │戦略  │  │構成内容│
│の選択  │         └──────────┘         └──────┘  └──────┘
└─────┘              ↓  多角化すべき         ↓
                     か否かの決定          ┌──────┐  ┌──────┐
                  ┌──────────┐         │多角化│→│戦略の│
                  │企業外の諸機会│         │戦略  │  │構成内容│
                  │についての評価│         └──────┘  └──────┘
                  └──────────┘
                         探究と評価のための決定ルール
                         ←─────────────────
```

出所）Ansoff, H. I.（1965）邦訳（1969, p. 34）を加筆修正

るための目標）という3種の目標を設定しなくてはならない．ちなみに，この意思決定は，主にトップマネジメントによって行われる．

　図表7―3は，この戦略的な意思決定のプロセスならびに内容の全体を図式化したものである．

2）戦略の構成要素と戦略的意思決定のプロセス

　アンゾフによれば，企業はこの戦略的意思決定の核となるその製品―市場ミックスの選択を行うに当たり，上述のような当該企業が設定した目標との関連において，次の4つについて検討しなくてはならない．これをアンゾフは，戦略の4つの構成要素とよんでいる．それはつまり，①分野（製品―市場範囲），②方向（成長ベクトル），③特性（競争上の利点），④シナジー効果の4つである．

　まず，①分野（製品―市場範囲）とは，自分自身に関する理解，自らの今，あるいはこれからの立ち位置の確認である．単に，〇〇業のような自身の事業活動の把握では，範囲が広すぎて顧客のニーズは捉えきれず，企業としての方

図表7—4　成長ベクトルの構成要素

使命(ニーズ) ＼ 製品	現　在	新　規
現　在	市場浸透力	製品開発
新　規	市場開発	多角化

出所）Ansoff, H. I.（1965）邦訳（1969, p.137）を加筆修正

向性も定めにくい．つまり有効な戦略を立てるには，有効ではない．そこでアンゾフが提案するのは，製品と使命（市場ニーズ）の2つの軸を用いて，どのような製品をどのような市場ニーズに提供するのがウチなのか？　といった自らのポジションを把握しようというものである．

　次に，②方向（成長ベクトル）とは，「現在の製品―市場分野との関連において，企業がどんな方向に進んでいるかを示すもの[7]」である．これは，図表7—4のように表すことができ，おそらくアンゾフの所論の中で最も有名で彼の主張の象徴的な図表でもある[8]．企業は，このマトリックスを用いて，現在の立ち位置からの新たな方向性（では次どう進もう？）を検討するのである．その新たな方向性には次の4つがある．

(1) 市場浸透力…現在のニーズに既存の製品で対応することで，現存市場でのシェアの拡大を狙うという成長の方向を示すためのものである．
(2) 市場開発…既存の製品の新しいニーズを探求する，つまり新たな市場を開拓しようという成長の方向を示すためのものである．
(3) 製品開発…既存のニーズに対して，既存の製品に変わる新しい製品を開発することで対応しようという成長の方向を示すためのものである．
(4) 多角化…新しい製品で新しいニーズを発掘しようという企業にとってまったく新しい成長の方向を示すためのものである．アンゾフによれば，①現在の製品―市場では企業目標が到底達成されそうにないとき，②現在の製品―市場でも目標は達成されるとしても，拡大化より多角化のほ

第7章 製品―市場戦略と戦略経営の父　▶アンゾフ

うがより大きな収益をもたらしてくれるだろうときなどに，企業は多角化を選ぶとされている．また，この多角化には，水平（自動車メーカーのオートバイ生産への進出のような多角化），垂直（いわゆる垂直統合），集中（水平ほど関連は強くないが，シナジーを生む何らかの関連ある多角化），集成（まったく関連のない分野への多角化，いわゆるコングロマリット）の4種類がある．さらに付け加えるならば，多角化する際，企業は，内生によって多角化を実現するのか，それとも買収によって実現するのか（make or buy）を選択しなくてはならない．

以上の4つのうち，最初の3つ（図表7―4ではグレーの網掛け部分）は，**図表7―3**にある拡大化戦略に該当する．つまり，既存の製品・ニーズあるいはのいずれかの範囲内で企業目標を達成しようという戦略である．

次に，3つめの構成要素である，③ **特性**（競争上の利点）とは，①と②で定められた分野と方向性のなかで，競争優位を確保できるような独自の機会の特性があるのかないのか，それを明らかにしようというものである．たとえば，優れた研究開発能力などがその具体的な例に当たるだろう．この競争上の利点は，アンゾフが戦略経営の議論の中で主張する戦略的な能力（後に若干触れる）に関連するものであり，また現在の戦略論でコンピタンスやケイパビリティ（第15章参照のこと）といわれるものであると考えられる．

最後に，④ **シナジー**とは，新しい製品―市場分野へ進出することで得られる相乗的な利益獲得の効果を示すものである．アンゾフは，一般に「2＋2」が5になる効果のことだと説明している．このシナジーは，とくに多角化を検討する際に最重要の検討ポイントであり，また③でも登場した組織のもつ能力との関連のなかで検討されるものである．また，このシナジーには，販売シナジー（流通経路の一本化など），生産シナジー（施設と人員の稼働率の向上，間接費の分散，共通の習熟曲線に基づく利点など），投資シナジー（設備の共同活用，共通の材料調達，研究開発成果の他製品への利用など），マネジメントシナジー（経営者の豊富な経験などによる問題解決力など）といった4つのタイプがあるとされてい

る.

　企業は，これらの構成要素を踏まえながら，拡大化の道を進むべきか多角化の道を進むべきか評価判断し（図表7－3の②），各構成要素をいかなるものにすべきか選択していかねばならない（図表7－3の③）．この評価について，アンゾフは，拡大化戦略を念頭に，現在の製品―市場範囲内で目標の達成が可能か否か，その機会が存在するか否かを詳細に評価していくそれを「内部評価」とよび，また，多角化戦略を念頭に，当該企業が利用しうる新しい製品―市場分野の有無と，その新しい機会の優劣を詳細に評価していくことを「外部評価」とよんだ．また，各構成要素の選択とは，簡単に示すならば，すなわち結局どこに（分野），どのように（拡大化か多角化かなどの方向），何を武器に（特性とシナジー）進むのかの選択である．

　このようにして決定された戦略は，管理的意思決定，そして業務的意思決定を通して実行に移されていくのである．

(2) 戦略経営

　さて，アンゾフによれば，以上のような全社的な戦略（計画）もそれをしっかり支える組織がなければ，絵に描いた餅になってしまう．そこで，彼は，次に，戦略と組織を結びつけた戦略的な経営のあり方，つまり戦略経営を主張するに至るのである．

　彼によれば，企業組織は，マネジャーたちが知覚する乱気流の程度（先述の5段階）にあわせて（つまり状況適合的に），2つの戦略的な能力（マネジャーグループの能力とシステム・プロセスの運用力）や組織文化，戦略的リーダーシップ，権力機構をそれに合ったスタイルへとマネジメントしていく必要があることを示した．たとえば，図表7－5の組織文化のように，上述のそれぞれについて状況適合的なスタイルを細かく議論している．これは，まさにコンティンジェンシー理論的発想である．

　また，『戦略経営論』では，その他にも環境変化（乱気流の程度の変化）への

図表7−5　戦略的な組織文化

組織文化の水準 / 属性	安定的	反応的	先行的	探求的	創造的
1．時間の見方	過去	現在	熟知した将来	未知の将来	新奇な将来
2．代替案の範囲	過去の先例	過去の経験	現状延長的な可能性	グローバルな可能性	創造的な可能性
3．対内的・対外的な関心の焦点	内向的	内向的	内向的・外向的	外向的	外向的
4．革新の性向：革新の引き金となる戦略	危機	不満足なパフォーマンスの推移	予想されるパフォーマンスの低下	革新に対する不断の探求	新奇な革新に対する不断の探求
5．環境変化受け容れ可能な非連続性	なし：現状維持	最小：現状からの新しい発展	部分的	非連続的	新奇的
6．リスクの性向	リスクに対する嫌悪	最小のリスク	熟知したリスク	リスクと利得のトレードオフ	未知のリスクに対する選好
7．標語	「ボートゆらすな」	「柳に風」	「先をみて計画しよう」	「生きている市場に身を置こう」	「未来を創れ」
8．それぞれの組織文化の水準で選好される部門	生産部門 会計部門	生産部門 財務統制部門	マーケティング部門 全社計画作成担当部門	製品・市場開発部門 多角化部門	研究部門 新しいベンチャー事業の担当部門

出所）Ansoff, H. I.（1979）邦訳（2007, p.145）に加筆修正

対応やその対応に対する慣性力についても詳細に議論がなされ，さらに，『戦略経営論』後の著作では，グローバル戦略への対応やコンピュータを用いた問題解決プログラムの導入，戦略的課題へのリアルタイムでの対応など広範かつ微細なポイントについても議論がなされている[9]．

　彼の戦略経営に関する議論は，今取り上げた以上に非常に多岐に渡りかつ詳細になされており，到底，本書で取り上げるには紙幅も筆者の能力も足りないが，それはまさに総合的あるいは体系的とよぶに相応しい．戦略経営の父とよばれ，その草分け的存在である彼のこれらの議論は，いうまでもなくその後の経営戦略論あるいは戦略経営論に大きな影響を与えている．

第3節　現代的意義

　アンゾフの体系化された議論（とりわけ製品─市場戦略を中核とした全社戦略論）は，当時の戦略計画論や経営実践に大きな影響を与えることになる．つまり，工業を中心とした既存の業界の多くが成熟期を迎え，さらなる「成長」を模索していた当時の企業に，アンゾフのそれは，多角化というひとつの方策に対する指針を与えてくれたのである．しかし，70年代に入り，多くの企業は，アメリカ経済の下降線と共に保有する事業間での経営資源の最適配分，つまり多角化後の事業のマネジメントに関心を向けるようになり（本書第10章），またさらに乱気流の度を深める80年代には，企業の戦略の視点は，成長から競争へとシフトしていく（本書第11章）．加えて，ミンツバーグ（Mintzberg, H.）らからは，その議論が計画ないし分析偏重主義的で戦略の実際にそぐわないとして批判の的とされ（本書第13章），アンゾフ論の輝きは，徐々に鳴りを潜めるようになっていった．

　しかし，彼の議論は，それでもなお，企業やコンサルタントが全社的な戦略を考える上での思考の基礎として現在でも有効であると考えられる．とりわけ，M&Aや資本提携，業務提携などによる企業の多角化が激しい昨今にあっては，アンゾフが主張したように，その成功にはシナジーなど多角化のメリットの十分な検討が不可欠である．それゆえ，むしろ今こそ，アンゾフの所論に立ち返ることが企業にとって肝要なことであるのかもしれない．

注
1) Ansoff, H. I., *Strategic Management,* Macmillan publishers, 1979.（中村元一監訳『戦略経営論〔新訳〕』中央経済社，2007年，p. 77）
2) *Ibid.,*（同上訳書 p. 23）
3) Ansoff, H. I., *Corporate Strategy,* McGraw-Hill, 1965.（広田寿亮訳『企業戦略論』産業能率大学出版，1969年，p. 128）
4) *Ibid.,*（同上訳書 p. 129）
5) 以下の3種の説明は，*Ibid.,*（同上訳書 pp. 6-8）．

6）*Ibid.*,（同上訳書 p. 7）
7）*Ibid.*,（同上訳書 p. 136）
8）以下の説明は *Ibid.*,（同上訳書 pp. 136-137）
9）Ansoff, H. I. & E. McDonnell, *Implanting Strategic Management*, 2nd ed., Prentice Hall, 1990.（中村元一・黒田哲彦・崔大龍監訳『戦略経営の実践原理—21世紀企業の経営バイブル—』ダイヤモンド社，1994年）

参考文献

Ansoff, H. I., *Corporate Strategy*, McGraw-Hill, 1965.（広田寿亮訳『企業戦略論』産業能率大学大学出版，1969年）

Ansoff, H. I., *Strategic Management*, Macmillan publishers, 1979.（中村元一監訳『戦略経営論〔新訳〕』中央経済社，2007年）

Ansoff, H. I. & E. McDonnell, *Implanting Strategic Management*, 2nd ed., Prentice Hall, 1990.（中村元一ほか訳『戦略経営の実践原理—21世紀企業の経営バイブル—』ダイヤモンド社，1994年）

第8章
戦略情報システム論の体系化
▶アンソニー

第1節 背景と問題意識

　アンソニー（Anthony, R. N.）の所論を戦略理論史に加えることには，反対があるかもしれない．しかし，MIS（Management Information Systems）論の中で，後述するように，情報システムという概念を経営・管理と結びつけて戦略計画，マネジメント・コントロール，オペレーショナル・コントロールに区分し，個々の情報システム的枠組みを構築したことは，評価されてよい．MISがDSS（Decision Support Systems：意思決定支援システム）やSIS（Strategic Information Systems：戦略的情報システム）へと発展したという流れを強調する情報システム論者もいるが，それは，経営とは何かを踏まえない現象的見解にすぎない．MISは，経営情報システムであり，まさに経営のための情報システムである．構造的な情報から半構造的な情報を取り扱うようになり，あるいは，定量的情報から定性的情報把握へとその努力が行われたとしても，本来的にMISは，トータルな意味での経営情報システムであった．

　MISは，1967年の「訪米MIS視察団」によってわが国に紹介された概念であり，「企業の各階層に対して，必要に応じて適切な情報をいつでもどこへでも提供するシステム」と定義された．経営に関する全体的なシステムである限り，この定義の基本的な意味合いは常に念頭において考えなければならない．ただ，1960年代から1970年代にかけてのコンピュータ技術の段階が定義の実

行性を十分に満足させるだけの技術的な裏付けをもっていなかったということにすぎない．コンピュータの性能，利用技術，システム概念，そして何よりも今日的なネットワーク通信技術の普及等の技術的基盤が確立されていなかった．それが，幻のMISとして「MISはミスだ」といわしめる原因でもあった．

MIS論に続いて脚光を浴びたDSSは，主として経営における決定の支援システムをめざしたものであることが強調された．DSS論の特徴の1つは，システム概念よりも情報の質的側面を強調したことにある．情報を構造的・半構造的・非構造的と区分し，それに対応した階層における意思決定の違いを表している．構造的意思決定は，サイモン（Simon, H. A.）のいう定型的意思決定と同じく日常的・反復的で，意思決定パターンが決まっているものであり，会計処理や発注業務など比較的対応が容易なものである．一方，非構造的意思決定は，サイモンのいう非定型的意思決定と同じく，1回きり，例外的，あるいは予測困難な事態を指す．基本的に経営者が行うべき意思決定の多くは，非構造的な問題が多く，それゆえ経営者の能力が問われることになる．DSSの役割は，予測困難な問題解決のための合理的な情報を提供することにあるが，現実的には，経営のための意思決定支援という本来の目的とは異なり，半構造的な問題解決への貢献が主であった．半構造的な問題は，予算管理という枠の中で，どのように予算を統制していくか，あるいは，在庫管理の定量・定期発注点方式に則らないような問題が発生した場合の対応など，定型的な枠は大きく逸脱しないが，しかし，その中に不確定要素が存在している場合に起こる問題である．こうした不確実性への対応は，多くの情報と予測技法を駆使した代替案の作成によって行われる．意思決定において，非構造的な情報は常に存在し，問題解決が困難である．困難は人間の叡智によって処理されているが，意思決定はともかく，その判断の材料となるさまざまな情報を提供する情報システムの基本的枠組みを提供したのが，アンソニーであった．

第2節　理論的フレームワーク —戦略情報システム論の体系化—

(1) 3つの内的プロセス

　アンソニーはその著書『経営管理システムの基礎』において，計画とコントロールの枠組みを，戦略的計画，マネジメント・コントロール，オペレーショナル・コントロールの3つの内的プロセスに区分している．また，こうした内部指向のプロセスとは別に外部指向のプロセスとして財務会計を取り上げている（図表8—1）[1]．戦略的計画は，組織の目的，これらの目的の変更，これらの目的達成に用いられる諸資源，およびこれらの資源の取得・使用・処分に際して準拠すべき方針を決定するプロセスである[2]．方針は目的達成のための適切な行動に対する指針となっている．また，マネジメント・コントロールは，マネジャーが組織の目的達成のために資源を効果的かつ能率的に取得し，使用することを確保するプロセスと定義される[3]．一方，オペレーショナル・コントロー

図表8—1　組織における計画とコントロールのプロセス

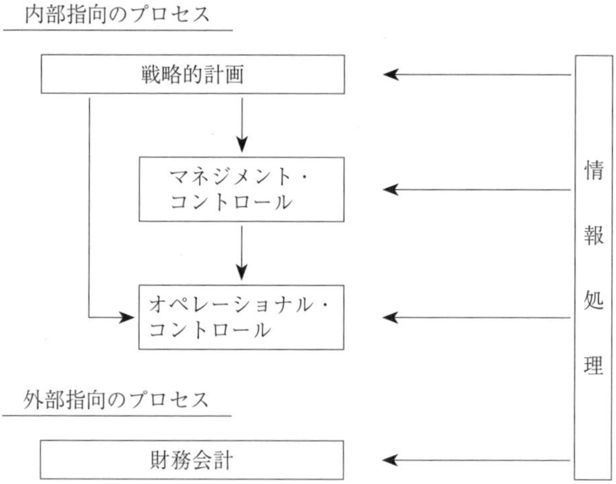

内部指向のプロセス
```
戦略的計画  ←──┐
   ↓            │
マネジメント・   ←──┤ 情
コントロール     │ 報
   ↓            │ 処
オペレーショナル・←──┤ 理
コントロール     │
                 │
外部指向のプロセス │
財務会計    ←──┘
```

出所) Anthony, R. N. (1965) 邦訳 (1968, p.27)

第8章 戦略情報システム論の体系化 ▶アンソニー

図表8−2 事業組織における活動の例

戦略的計画	マネジメント・コントロール	オペレーショナル・コントロール
会社目的の選択	予算の編成	
組織計画	スタッフ人事の計画	雇用のコントロール
人事方針の設定	人事手続きの制定	各方針の実施
財務方針の設定	運転資本計画	信用拡張のコントロール
マーケティング方針の決定	広告計画の作成	広告配分のコントロール
研究方針の設定	研究計画の決定	
新製品品種の選択	製品改善の選択	
新工場の取得	工場配置替えの決定	生産スケジュールの作成
臨時資本支出の設定	経常的資本支出の決定	
	オペレーショナル・コントロールに対する決定規則の作成	在庫管理
	経常実績の測定，評価，および改善	作業工具の能率の測定評価および改善

出所）Anthony, R. N.（1965）邦訳（1968, p. 24）

ルは，特定の課業が効果的かつ能率的に遂行されることを確保するプロセスである[4]。ここでいうマネジメント・コントロールは，計画とコントロールの双方を組み合わせた概念であり，戦略的計画で樹立された路線の範囲内で何をなすべきかの計画を含んだものとして用いられている。マネジメント・コントロールにおいては，目的，設備，財務的要因は既定のものとして受け入れられ，その範囲内でできるだけ有効かつ能率的に目標を達成することが求められる。戦略的計画が計画を第一とし，オペレーショナル・コントロールが実施に重きを置くことと対比される。個々の枠組み活動例を（図表8−2）としてあげておく[5]。アンソニーは，マネジメント・コントロールを船の船長にたとえているが，それは，与えられた目的地に対して，有効かつ能率的に到着させることが任務であり，目的地は所与であるけれども，それに到達するためには，自らの計画の裁量とコントロールの権限を委ねられているからである。計画とコントロールを一体として考えるところに特徴がある。以上の3つの内部指向のプロ

セスだけではなく，次項で述べるように，外部指向のプロセスとして財務会計があげられている．財務会計は，組織に関する財務情報を外部に報告するプロセスである．マネジメント・コントロールに関連した管理手段としての管理会計は，外部報告会計としての財務会計とは異なっている．

　3つの内部プロセスについてもう少し詳しくみていくことにする．戦略的計画は，組織の性格や方向性を決定すること，あるいは長期的な計画・方針を設定するプロセスであり，実体的，財務的，および組織に関するフレームワークを提供する[6]．アンソニーの概念における戦略は，競争相手の行動に応じたもの，あるいは相手の反応を予想して立てる計画ではない．それは以下のように定義される[7]．互いにまったく別のものと見なされる2つのタイプの計画，①目的の選択，②目的を達成するための方法を合わせたものである．アンソニーは，戦略的計画を長期計画と同じものとはみていない．戦略的計画は長期間にわたってさまざまな結果をもたらし，また，長期的に影響を及ぼす傾向があり，短期間では取り消しえないこともある．長期であるか短期であるかという区別は，結果の持続時間との関係において有効なものであるとしている．

　マネジメント・コントロールは，バーナードの効果性（有効性）と能率性という概念を意識しながら用いている．もっとも能率性については，個人動機に関するものではなく，一般的な投入と産出の最善の関係を表すものとして使われている．このコントロール・プロセスは，トータルシステムであり，会社の業務全体を包摂する．あらゆる業務部門が相互にバランスがとれているかを確認するのがマネジャーの重要な役割となる．戦略的計画が経済的，社会的，政治的な外部情報に多くを依存し，かなりの不正確性を伴うのに対して，マネジメント・コントロールは，決定された方針と計画のフレームワークの中で実施され，情報に多少の不正確性があったとしても現実的で定型的である．こうした観点は図表8—3にまとめられている[8]．一方，オペレーショナル・コントロールは，特定の業務が効果的かつ能率的に遂行されることを確保するプロセスと定義されている[9]．このプロセスは，あらかじめ手順を定めたコントロールで

図表8—3　戦略的計画とマネジメント・コントロールとの若干の区別

特徴	戦略的計画	マネジメント・コントロール
計画の焦点	ある時期の一局面について	組織全般について
複雑性	多くの変数がある	それほど複雑ではない
構造の程度	構造は不定で不定期；各問題は相互に異なる	リズミカルである／既定の手続がある
情報の性質	問題ごとに収集する必要あり；組織外部の将来に関する情報が比較的多い；正確性は相対的に低い	網羅的である／組織内部の過去の情報が比較的多い／正確性は相対的に高い
情報の伝達	比較的簡単	比較的困難
見積りの目的	予想される結果を明らかにする	満足すべき結果へと導く
関係者	スタッフとトップ・マネジメント	ライン・マネジャーとトップ・マネジメント
関係者の人数	少数	多数
精神活動	創造的，分析的	行政的，説得的
基礎理論	経済学	社会心理学
計画とコントロール	計画が主でコントロールが従	計画とコントロールとの双方とも重要
計画期間	長期計画が多い	短期計画が多い
計画の成果	方針および手続きが決まる	所定の方針および手続きのわくのなかでのとるべき行動が決まる
計画の評価	きわめて困難	それほど困難ではない

出所）Anthony, R. N.（1965）邦訳（1968, p.79）

あり，所与の状況下で最も能率的な行動原則を定める場合に用いられる．これは，サイモンのいう定型的意思決定（programmed decisions）と同じである．たとえば，在庫管理において，在庫が一定数を割り込めば定量発注点方式により在庫に対する発注を行う．こうした過程は，あらかじめ決められた手順にしたがって，ほぼ自動的に決定することができる．もちろん，業務において，非定型的意思決定（non-programmed decisions）から定型的な意思決定への移行は継続的に続くものと考えられる．

また，軍事上の戦略との類似性について，経営学における戦略的思考と軍事戦略の用語との密接な関連性を以下のように示している[10]．いくつかのものを列

挙すれば，目標の重要性に関して，軍隊では，「あらゆる軍事上の行動は，明確に定義された決定的かつ到達可能な目標をめざすものでなければならない．軍事行動の究極の目標は，敵の武力およびその戦意をぶちこわすことである．あらゆる行動の目標はこの究極の目標に奉仕するものでなければならない．」これに対して，経営理論としてはクーンツ（Koontz, H.）の「目標への貢献の原則」を引用し，「あらゆる計画およびそのたぐいのものは，何らかの方法で，一群の目標の達成に積極的に貢献するものでなければならない．」軍事上の表現は，まさにクラウゼヴィッツ的であるが，組織が組織として行動する場合は，いかに目的を達成するかという観点では，同様の帰結にいたることは明白である．資源の配分に関する原則についても，軍隊における「力の経済性の原則」とクーンツの「代替性の原則」では以下のようになる．前者は，指揮官が迅速かつ巧みに戦力を用いるならば，資源消費の犠牲を最小限におさえて，その使命を達成することができる．この原則は，節約というよりもむしろ，その任務がどの程度重要であるかを見極めた上で戦力を配分すべきである．後者は，どのような方向性に向かって行動するにしても，いくつかの代替的な道が存在する．そこで計画を立てるには，これらの代替的な進路の中から，企業がその到達目標に達する最良の道を選ばなければならない．両者においては，目標達成に向けて，何が重要な要因であるかによって資源や行動をとるべき道が決まることを指している．多くの例をかかげることによって軍事的な戦略と経営戦略概念の類似性が展開されている．

（2）関連する2つのプロセス

アンソニーは，内部プロセス以外に関連する2つのプロセスをあげている[11]．ひとつは，情報処理であり，もうひとつは財務会計である．

情報処理は，情報の利用目的が何であれ，情報を収集し，処理し，かつ伝達するプロセスであるとする．情報処理を内的プロセスから独立させた理由は，多くの情報が計画やコントロールのプロセスにおいて有効性をもっているが，

第8章　戦略情報システム論の体系化　▶アンソニー

情報システムは，まったく関係のない別の目的に合わせて処理されているからである．つまり，①給料賃金に関するもの，②受注から売上金回収までのサイクルに関するもの，③購買から代金支払いまでのサイクルである．情報システムは，まずこうした活動条件に合うように設計されなければならないという．また，情報処理のプロセスは，情報の専門家が存在し，固有の知識と技術によって構築されるという特殊性がある．情報処理やシステム設計の専門家とユーザーとしての経営者，管理者とは，その役割が異なっている．システムの専門家は，システムを設計し，情報提供のコストの価値を検討する．ユーザーは，何が必要かを要求し，システムの専門家は，それに応える役割をもっている．

アンソニーの時代，コンピュータ，あるいはコンピュータ部門は，ユーザーから独立した存在であり，今日ほどにはユーザーにとってなじみのある部門ではなかった．今日のコンピュータ部門は，エンド・ユーザーの使い勝手がいちじるしく向上したおかげで，ブラックボックス化しており，システム管理部門としての意味合いが強くなっている．

財務会計は，組織に関する財務情報を外部に報告するシステムである．外部への報告は，投資家，債権者，統制機関，一般大衆などに対して，会計原則に則って作成されたものである．また，財務会計は，企業全体に焦点を当て，その状況や実績を報告するものであり，法的に強制されるものである．一方，管理会計は，マネジメントに有用な情報を提供するものであり，直接原価計算などを利用して企業内部の測定を行うものである．また，管理会計は，部門，製品，棚卸資産の種類など，企業の各部分を対象とし，企業の任意によって行われる．アンソニーは，財務会計と管理会計の違いをかなり詳細に述べている．今日的には，この両者の基本的な違いは広く認識されていると思われる．

第3節　現代的意義

　アンソニーの貢献の第1は，こうしたプロセスと情報処理の概念を結びつけた点である．アンソニーの時代のコンピュータシステムは，まだ発展途上であり，未熟なものであった．その限界は，アンソニーの情報処理の概念の中に示されている．情報システムを構築するためには，さまざまな資料を提供してくれる情報処理システムが必要となる．こうした考え方は，当初のMIS概念の基本的な枠組みを提供した．前述したように，当時の情報システムやコンピュータ，ネットワーク，データベース技術の未熟さにより，現実のシステムを構築するには至らなかったが，概念的なMISの枠組みを提供したという意味ではその貢献は大きい．今日でも，戦略性を帯びた経営情報システムの概念は成立していない．むしろ，情報システムが日常の生活や企業システムの中にごく当然のものとして横たわり，エンド・ユーザーを志向したコンピュータの利用技術が飛躍的に進歩する中で，意思決定のための情報システム，とくに，データベースを構築することの困難さだけが増大しているのではないだろうか．さまざまな情報が氾濫する中で，情報を受け取り，判断をする人間の役割がいっそう大きくなっている．MIS論の初期の経営管理システムと情報システムとの融合を理論的に意図した点は，アンソニーの最大の貢献であるかもしれない．

　貢献の第2は，経営構造における階層性を認識したことである．戦略的計画，マネジメント・コントロール，オペレーショナル・コントロールの各階層が，経営・管理の構造に対応している．情報システムや戦略的思考の中で，こうした階層性を認識したのは，アンソニーより他にはいない．基本的に戦略的計画として企業の外部環境に対応しながら，内部処理に対応したマネジメント・コントロール，あるいは，業務計画に至るオペレーショナル・コントロールに分類されている．

　以上，アンソニーは，自用法システムと戦略概念を結びつけることで，学問

第8章　戦略情報システム論の体系化　➤アンソニー　73

的にも経営実践上も，先駆的な役割を果たした．今日の経営情報システムの概念でさえ，アンソニーのフレームワークを実践するには至っていない．コンピュータ環境の技術的な発展はめざましく，マネジメント・オペレーショナルなコントロール領域では，高度に運用されている．戦略的部分がどれだけ実践されるかが，今後の課題であるが，その基礎的な枠組みを提供した意義は大きいといえる．

注
1) Anthony, R. N., *Planning and control systems: A framework for analysis*, Harvard University, 1965.（高橋吉之助訳『経営管理システムの基礎』ダイヤモンド社，1968年，p.27）
2) 同上訳書, p.21
3) 同上訳書, p.22
4) 同上訳書, p.23
5) 同上訳書, p.24
6) 同上訳書, pp.29-30
7) 同上訳書, pp.30-31
8) 同上訳書, p.79
9) 同上訳書, p.83
10) 同上訳書, pp.113-131
11) 同上訳書, pp.181-190　この部分は，著書の付録としてつけられた部分であり，キャプラン（Kaplan, R. H.）の稿による．合衆国陸軍野戦マニュアルとハロルド・クーンツとの計画原則に関する比較が行われている．

参考文献

Anthony, R. N., *Planning and control systems: A framework for analysis*, Harvard University, 1965.（高橋吉之助訳『経営管理システムの基礎』ダイヤモンド社，1968年）
Anthony, R. N. & J. Dearden, *Management Control Systems*, 4th ed., Irwin, 1980.

第9章
経営戦略の策定と遂行
➤アンドルーズ

第1節 背景と問題意識

　アンドルーズ（Andrews, K. R.）は，ハーバード・ビジネス・スクール（Harvard Business School）の経営方針（Business Policy）[1]講座を担当し，また，クリステンセン（Christensen, C. R.），バウアー（Bower, J. L.）とともに執筆した *Business Policy: Text and Cases* や，1971年に出版された単書『経営戦略論』（*The Concept of Corporate Strategy*）でも良く知られている研究者である．彼の研究の代表的なものとしては，企業戦略における外部環境と内部環境との関係性に関する研究が存在しており，これは後にSWOT分析へと発展し，経営戦略における分析ツールとしてよく用いられている[2]．

　このように，今日，SWOT分析の先駆者としてアンドルーズを捉えることが多いが，しかしながら，アンドルーズ（1971, 1987）の主な目的は，ゼネラ

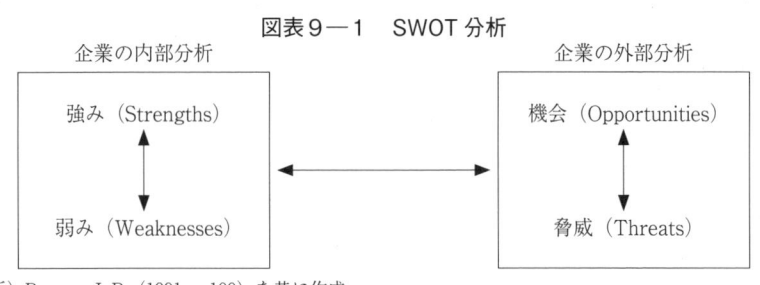

図表9―1　SWOT分析

企業の内部分析		企業の外部分析
強み（Strengths） ↕ 弱み（Weaknesses）	⟷	機会（Opportunities） ↕ 脅威（Threats）

出所）Burney, J. B.（1991, p. 100）を基に作成

ル・マネジャーが競争が激しく，そして不確実な状況においてどのように行為すべきなのか，すなわち経営戦略の策定，遂行におけるゼネラル・マネジャーの役割について記されたものである．アンドルーズは，経営戦略を目標を達成するための基本的な諸方針と諸計画などからなる構図であるとし，その上で，企業の目的達成のための経営戦略を策定，遂行するためにゼネラル・マネジャーは必須な存在であると，その重要性について示している．しかし，当時の企業経営においては，スペシャリストの需要が非常に高まっており，その一方でゼネラル・マネジャーの重要性や必要性について充分に理解されていなかった．そのため，ゼネラリストやゼネラル・マネジャーといえば強権的で威圧的な存在としてばかり理解され，企業内での彼らの有効性について理論的な研究が充分に進展していたとはいえない状況であった．また，企業全般を運営するマネジャーは何を行うべきなのかについて，現場で教育されているということもない状況であった．

しかしながらアンドルーズは，外部環境上の諸力，目標および諸資源などの絡み合いによる無秩序状態を解決するためにゼネラル・マネジャーは必要であり，そして無秩序状態が解消されることにより企業は発展すると考えた．そこで彼は，ゼネラル・マネジャーが行うべきこと，すなわち経営戦略の策定と遂行，そしてそれらに重要となる能力について検討し，ゼネラル・マネジャーの重要性を主張したのである．本章では彼の著書に基づき，戦略の策定と遂行，そしてゼネラル・マネジャーの役割について以下で考察していくこととする．

第2節　理論的フレームワーク
―経営戦略とゼネラル・マネジャー―

(1) 経営戦略 (corporate strategy) とは

アンドルーズは，経営戦略を，「会社はどんな事業に属しているのか，あるいは，どんな事業に属するべきなのか，または，どんな種類の会社なのか，あ

図表9―2　アンドルーズの研究枠組み

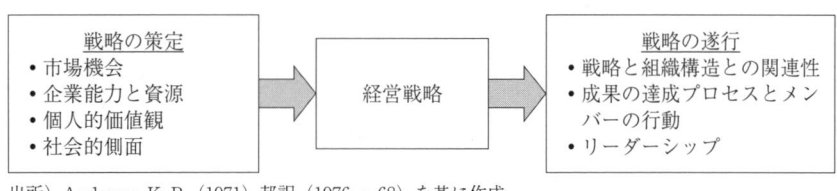

戦略の策定	経営戦略	戦略の遂行
• 市場機会 • 企業能力と資源 • 個人的価値観 • 社会的側面		• 戦略と組織構造との関連性 • 成果の達成プロセスとメンバーの行動 • リーダーシップ

出所）Andrews, K. R.（1971）邦訳（1976, p.68）を基に作成

るいは，どんな種類の会社であるべきかを明確化するように表明された会社の重要目的，意図，あるいは，目標ならびにこれらの目標を達成するための基本的な諸方針と諸計画などからなる構図である[3]」としている．すなわち経営戦略とは，企業の目的設定と，目的を遂行するために必要な諸資源の割り当てであるといえる．その上で，彼は，戦略の「策定」過程と，いかにして戦略を「遂行」するのかについて，どのようになされるべきかについて述べている．そこで，以下においては，戦略の「策定」と「遂行」について説明していくこととする（図表9―2参照）．

(2) 戦略の策定 ―戦略の4つの構成要素―

アンドルーズによれば，戦略は以下の4つの要素により策定される．すなわちそれは，① 市場機会，② 企業能力と資源，③ 個人的価値観，そして ④ 社会的側面の4つである．

1) 市場機会

戦略の策定においてまず必要なことは，自社がおかれている環境を認識することである．そして，この環境の中から，自社の将来に影響を及ぼす環境の機会とリスクを把握することである[4]．

この際に重要なことは，企業がおかれている現状を理解することにより，外部環境における機会とリスクを正確に把握することと，将来の機会とリスクを理解することである．さらに，このことに対し彼は，現在，企業がおかれている ① 産業の基本的な経済的ならびに技術的諸特性，② 産業内ならびに産業間

の競争の性格,③競争で打ち勝つための必須条件,の現状把握の視点とともに,④諸特性の将来の変化,⑤変化する諸特性のうち,企業が使用可能なもの,という将来的な視点の両者から,機会とリスクを判断することが必要であると述べている.

2) 企業能力と資源[5]

だが,この環境における機会とリスクは,そこに参加する企業に対し平等に提供されるものである.そのため,機会を自社にとってより優れたものにし,リスクをより低減することが戦略の策定においては肝要となる.そこで,企業が次に行わなければならないことは,その機会を利用し,成功するだけの能力を自社がもっているかどうかを確認することである.すなわち,変化する環境に対し,自社がどこまで適応することが可能なのかということを理解することである.そして,その能力が当該企業に特有であったならば,それはさらなる強みとなる.

たとえば,タイプライターからコンピューターへの移行に関するアンドルーズ(1987)の調査研究によれば,IBMがワード・プロセッシングの入力装置として,そして情報処理機能に貢献を果たす存在としてのタイプライターの可能性に着目したのに対し,伝統あるタイプライター企業は万年筆の代用品としてタイプライターを定義していた.そのため,タイプライター企業は,その後のコンピューターの入力装置の製造に参入することができなかったか,あるいは大幅に参入が遅れてしまうこととなった.アンドルーズはこれについて,タイプライター企業が保持していない他への移転可能な能力がIBM社内に存在し,それゆえ,IBMだけがタイプライターの情報処理における入力装置としての価値を理解しえたことで生じた現象であると捉えた.

このように,環境の機会とリスクを把握したうえで,自社の強みである能力と組み合わせることにより,自社の領域と,他社も含めた競争環境における位置づけが決定するのである.企業と外部環境の関係,すなわち,機会と資源の関係性が戦略策定において重要となるのである.そして,自社と環境との最適

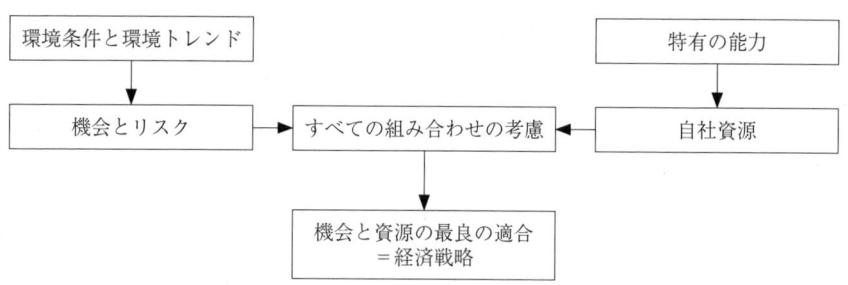

図表9—3　機会と資源の最適結合（経済戦略）

```
┌──────────────────┐                              ┌──────────────────┐
│ 環境条件と環境トレンド │                              │    特有の能力    │
└────────┬─────────┘                              └────────┬─────────┘
         │                                                 │
         ▼                                                 ▼
┌──────────────────┐      ┌──────────────────┐      ┌──────────────────┐
│   機会とリスク    │ ───▶ │ すべての組み合わせの考慮 │ ◀─── │    自社資源      │
└──────────────────┘      └────────┬─────────┘      └──────────────────┘
                                   │
                                   ▼
                          ┌──────────────────┐
                          │ 機会と資源の最良の適合 │
                          │    ＝経済戦略    │
                          └──────────────────┘
```

出所）Andrews, K. R. (1987) 邦訳 (1991, p.142) を基に作成

な適合をアンドルーズは「経済戦略（economic strategy）」とよび，この状況において企業の弱みが極小化され，強みが極大化されるようになるとしている（図表9—3参照）．

3）個人的価値観

このようにアンドルーズは，最適な戦略とは，企業がもつ「強み」とその環境における「機会」との適合性にあると述べている．しかし彼は同時に，実際の経営戦略は単純に環境と能力との適合性の最適解によって生ずるのではないことも強調する．すなわち，「経済戦略＝経営戦略」となるのではないというのである．そのひとつの理由として，マネジャーの個人的な価値観の存在がある．たとえば，マネジャー，とくにCEOなどのシニア・マネジャーの個人的な願望，欲求やニーズは，経営戦略を決定する上で大きな影響力を発揮する．そのため，このようなニーズを必要のないものとして排除するのではなく，それをも含んで経営戦略を考えることが必要なのである．なぜなら，経営者は自らの価値観やニーズをもって仕事に取り組んでいるからである．

だが，そうなると，最適解である経済戦略と，個人的な価値観をどのように調和させ，経営戦略を策定するのかを考える必要がある．このことに関してアンドルーズ（1987）は，シニア・マネジャーの価値観を明示化させ，相違を解消するための代替案などを構築するとともに，他者との違いを認識させること

により，利用可能な代替案を客観的に評価する道を拓くことができ，それによって戦略と価値観を調和させることができるとしている．

4）社会的側面

　戦略の策定における最後の視点は，企業を取り巻く社会的な影響力である．企業は社会的な責任を負う必要がある．今日の社会においてはこのことについて異論を挟む余地はないだろうが，アンドルーズが執筆した1971年当時は，まだ企業の社会的責任に対する考え方が変化し始めたばかりの時期であった．企業の社会的責任に対して抵抗をみせていた当時の人びとの主張は，企業は法律上の義務を守ることが重要であり，その義務を遵守しさえすればよいという考えや，企業は利潤をあげることによって社会に貢献しており，そのため，それ以上，社会に貢献することは偽善的であるというものであった．また，そもそも株主は経済人であるため，法や倫理的な規制には最低限従うが，その目的は短期で極大な利益を獲得することにあるため，その対象である企業もまた利潤獲得が重要であるという議論も存在していた．

　しかしながら一方で，企業の社会的責任の重要性について主張する人びとは，法律などの政府の規制のみでは私的な利害と公的な利害とを調和せしめるには不充分であり，また，産業社会において企業は巨大なものとなっているため，企業は社会的合法性をもって運営されなければならないとした．そのため，企業の運営者は自社が及ぼす社会的な諸問題に対し無関心でいることができないと主張していたのである．

　このように相二分する状況においてアンドルーズは，次のような3つの理由から企業は社会的責任に対し充分に配慮して戦略を構築しなければならないと述べている．それは，① 意思決定の質の評価，② メンバーのパフォーマンスへの影響，③ 企業における顧客など個人の役割である．①の意思決定の質を評価するとは，企業が意思決定を行った結果について評価するのは，株主，銀行や取引相手のみならず，その良し悪しの判断は社会によっても行われるということを意味している．また，②については，メンバーは企業内のみならず，

地域社会などの企業外のシステムからも影響を受けている．そのため，企業の方向性とメンバーが属している社会との間に大きな乖離が生ずる場合，メンバーのパフォーマンスは低下することを指している．そして，③は，顧客などの個人の要求と企業の要求を合致，または収斂させることの必要性を示している．もし，このことに対して企業が注意を払わない場合，商品の不買運動などが生じ，企業のパフォーマンスが低下することとなる．

このように企業は戦略を策定する際に，企業内のみならず企業外の社会的側面を把握する必要があるといえる．また，先に述べたように，個人的な価値観も戦略策定には大いに影響を及ぼす．そのため，実際の経営戦略は，経済戦略とはなりえず，策定者や社会的関係によって構築されるといえる．

（3）戦略の遂行

本章では，ここまで戦略を策定する際の4要素を示してきた．この4要素に基づき戦略は構築され，そして遂行されていく．しかし戦略は決定されたからといって，直ちに遂行されるのではない．戦略の遂行においても，ゼネラル・マネジャーが多大なる役割を担うこととなる．そのため，本項では戦略の遂行プロセス，そしてその際のマネジャーの役割について理解していくことにしよう．

1）戦略と組織構造との関連性

経営戦略は，組織構造と組織過程の設計を支配するように形成されなければならない．すなわち，組織構造と組織行動に関するすべての決定は，組織目的の達成に関連づけられたものでなければならないのである．そのために，組織は部門化・専門化されていくこととなる．また，このことと同時に職責を細分化し，それらの職務を関連づけることが必要となる[6]．そして，それらを調整するための規定を設けることもまた必要となる．これらのことが行われなければ，戦略が明確に策定されていたとしても，経営戦略の遂行は不充分なものとなってしまうといえよう[7]．そのため，経営戦略の遂行が成功するか否かは，マ

ネジャーが意識的に仕事を割り当て,円滑なるコミュニケーションを確保できる組織を構築できるかどうかにかかっているといえる.このことが,経営戦略の遂行において,まず必要となることである.

2) 成果の達成プロセスとメンバーの行動

このような組織が構築されると,次に必要となってくるのは,メンバーの行動である.成果を達成するためにはメンバーが納得できる達成プロセスが存在する必要がある.その達成プロセスは,① 基準の設定とパフォーマンスの測定,② 動機づけと誘因,③ 制約とコントロール,そして ④ マネジャーの能力開発である.

① もし目標を達成しようとして行動するならば,行為の基となる基準を設定しなければならない.また,メンバーの行為を測定する尺度を策定する必要がある.そして,この基準や尺度は短期的な単一の基準ではなく長期的,かつ複数の視点からの基準や測定尺度にしなければならない.それと同時に,何が達成の制約となっているのかという,ボトルネックを注意深く観察し,それを取り除くこともまた重要である.このことが行われなければ,メンバーを持続的に行動させることはないであろう.② バーナード (1938) を引用するまでもなく,動機づけのために何らかの誘因を提供することが,組織にとって必要不可欠であることは紛れもない事実である.しかし,その誘因は,個々の目的に対応した形で提供することが必要であり,このことは金銭的,非金銭的のいずれにおいても重要となっている.そのためにマネジャーは戦略の遂行に則った誘因システムを明確にしておく必要がある.③ 制約とコントロールも戦略の遂行に基づき構築することが必要である.だが,誘因と異なる点は,コントロールは行動を動機づけるのではなく,行動を制約するということにある.このコントロールは,公式的な体系によるコントロールと,非公式的,社会的なシステムによるコントロールから成り立つ.とりわけ,社会的なコントロールは自身の行動を内省させる,いわば規範的な側面をもっている.そのため,マネジャーはこのような規範を成立させ続けるようにすることが求められるのであ

る．そして，最後に④のマネジャーの能力開発であるが，マネジャーは上述の3つの点を遂行するために継続的な教育や訓練を行うことが必要となる．このことにより，戦略を遂行する際のメンバーの行動を管理することができ，成果を達成することが可能となるのである．

3）リーダーシップ

　アンドルーズが経営戦略の遂行において最後に示すことは，リーダーのあり方である．ゼネラル・マネジャーは単に業務を遂行するのみではなく，組織のリーダーとしてメンバーを率いなければならない．そのためには，業務遂行にのみ注力するのではなく，他者を魅了する人間的リーダーとして振舞うことが必要となる．アンドルーズは，「ゼネラル・マネジャーは最終的には…人間の情熱―つまり，価値あるものに役立ちたいということ，それに自らの力を捧げようとする―の生きた模範であるという理由からして重要なのである[8]」と述べている．すなわち，冷静な分析者であるとともに熱い心をもち，メンバーの行動指針となるような人物としてゼネラル・マネジャーの存在があるのだといえる．

第3節　現代的意義

　ここまで，経営戦略の策定と遂行について説明してきた．ここで重要となるのは，外部環境と内部環境との関係性に関する客観的な分析とともに，ゼネラル・マネジャーの存在であった．戦略の策定，そして遂行において彼らが果たすべき役割は多岐にわたっていることが理解できたであろう．このようにアンドルーズは，分析ツールとしての側面とともに，管理の側面からも経営学に貢献しているといえる．また，経営戦略の策定において，単に内部と外部の最適解を求めるという視点ではなく，その策定の背景に存在する個人の価値観や社会的関係性について述べた点も注目されるところである．このように，アンドルーズは経営戦略を中心として，組織構造，意思決定，リーダーシップなど幅

広く，全社的な視点から説明を加えている．

しかし，その後の経営戦略論への貢献という点に特化して考えるならば，彼の果たした役割としては，内的均衡のみを志向する経営姿勢ではなく，変化する外部環境に対し積極的に適応することの重要性についてさまざまなケースを用いて説得的に論じたという点にある．そしてこの視点は，今日の企業分析で多々用いられるSWOT分析の源流ともなっている．このことがアンドルーズが戦略論に対し貢献した最も重要な点であろう．だが，今日，SWOT分析のみを彼の研究業績として取り上げることが多いが，彼の研究は，ゼネラル・マネジャーやトップ・マネジメントなどとよばれる企業を運営する人びとの機能と責任を主な関心としており，けっして分析ツールとしてのSWOTという概念を提示したのみではないことには充分に理解する必要があろう．

注
1）アンドルーズは，経営方針をゼネラル・マネジメントやトップ・マネジメントなど，企業全体や企業内の複合的職能体としての事業部門を運営する人びとの機能と責任とに関する研究であると捉えている（Andrews, 1971）．
2）SWOT分析とは，企業のもつ「強み（Strengths）」と「弱み（Weaknesses）」と，企業環境の「機会（Opportunities）」と「脅威（Threats）」を評価する企業戦略の分析フレームワークのことを指している．
3）アンドルーズ（山田一郎訳）『経営戦略論』産業能率短期大学出版部，1976年，p.53
4）SWOT分析においては，環境の機会（Opportunities）と脅威（Threats）としているが，アンドルーズ（1971, 1973）では，脅威の代わりにリスク（Risk）と著している．しかしながら，これらは内容としてはほぼ同義であるといえる．
5）能力とは，「組織が何をするのであれ，環境や競争の抵抗に逆らって，選択された機会を達成するための明白で潜在的な力量」（Andrews, 1987, 訳135）であり，資源とは，「資金と社員とくに技術者とマネジャー」（Andrews, 1987, 訳143）であるとしている．
6）各メンバーの職務を関連づけるために組織は，委員会組織を設置したり，タスク・フォースを新たに構築したりする．また，組織内の情報の流れを円滑にするための情報システムの構築もあげられる．
7）このような戦略と組織構造との関連については，本書第5章で詳しく述べられ

ている.
8）前掲書, p. 301

参考文献

Andrews, K. R., *The Concept of Corporate Strategy,* Dow Jones-Irwin Inc., 1971.（山田一郎訳『経営戦略論』産業能率短期大学出版部, 1976 年）

Andrews, K. R., *The Concept of Corporate Strategy,* 3rd ed., Dow Jones-Irwin Inc., 1987.（中村元一・黒田哲彦訳『経営幹部の全社戦略』産能大学出版部, 1991 年）

Barnard, C. I., *The Functions of the Executive,* Harvard University Press, 1938.（山本安次郎・田杉競・飯野春樹訳『新訳 経営者の役割』ダイヤモンド社）

Burney, J. B., Firm Resources and Sustained Competitive Advantage, *Journal of Management,* Vol. 17, No. 1, pp. 99-120, 1991.

Christensen, C. R., Andrews, K. R. and J. L. Bower, *Business Policy: Text and Cases,* 3rd ed., Richard D. Irwin Inc., 1973.

第10章
市場分析と事業の多角化
➤ ヘンダーソン＝BCG

第1節　背景と問題意識

　企業はある事業領域から別の事業領域へと手を拡げるようとする際，管理の効率性を考慮して組織構造を適宜デザインする必要がある．第5章で既述されたように，チャンドラー（Chandler, Jr. A. D.）は，組織の構造はその組織が採用する戦略に従うという命題を導いた．ここで戦略とは，上述したように当該企業がどの程度異なる事業領域に足を踏み入れるべきか，つまり事業の多角化についての全社的な意思決定を意味する．しかしよく考えてみると，そもそも企業はなぜ多角化する必要があるのだろうか．この問いに客観的根拠をもって答えるための意思決定枠組みを提供したのが，ブルース・ヘンダーソン（Henderson, B. D.）率いるボストン・コンサルティング・グループ（Boston Consulting Group：以下，BCG）の開発したプロダクト・ポートフォリオ・マネジメント（Product Portfolio Management：以下，PPM）である．[1]

(1) 企業戦略と事業戦略

　ヘンダーソンは，ウェスティングハウス・エレクトリック社で若くしてトップ・マネジメントに抜擢され種々の事業部長を歴任した後，アーサー・D・リトル経営コンサルタント会社に移籍し副社長に就任する．事業部長として，またコンサルタントとしてのキャリアを生かし，1963年にBCGを創業すること

になる．彼はBCG創業以来，「Perspectives」という短いエッセーを現在のクライアント企業や将来クライアントになるであろう企業の幹部に向けて発信し続けていた．そして，これらエッセーの中で選りすぐりの言説をまとめて1979年に刊行されたのが，*Henderson On Corporate Strategy*（邦題『経営戦略の核心』）である．

また，ヘンダーソンと親交が深く日本的経営の研究者としても著名なアベグレン（Abegglen, J. C.）は，1966年BCG日本法人の創設に携わり，上記の名著に先駆けて『ポートフォリオ戦略』を1977年にBCG日本法人と一緒に出版している．したがって，ヘンダーソンの「Perspectives」に盛り込まれたエッセンスは，BCGの本社がある米国よりも，まずもって日本において世に知らしめられたことになる．

さて，ヘンダーソンらBCGがPPMを提唱した70年代の米国は，スタグフレーションという経済の混迷期に直面していた．厳しい経営環境に加え，好景気時に無策無為に多角化した企業が，肥大化した組織をスリム化することに躍起になっていた．多角化と相まって各事業部の独立採算性を強めた事業部のプロフィットセンター化が，セクショナリズムを企業に助長させていくことになる．各事業部がROI（Return On Investment：投資収益率）ばかりを志向した結果，米国企業は部分最適化の罠にはまっていたのである．こうした事態を憂慮したヘンダーソンらは，プロフィットセンターの色彩が強い事業部制組織を厳しく批判し，各事業部の組み合わせをもって企業の全体最適化を試みるPPMの重要性を説くことになる．

一般に経営戦略は，当該企業がどの事業領域で戦うかを問う企業戦略（corporate strategy：全社戦略ともよぶ）と，ひとつの事業領域すなわち，ある市場の中で他社に対してどのように戦うかを問う事業戦略（business strategy）とから構成される．PPMは先述したように，企業全体の事業領域をどのように設定し，そこから事業の新規参入と撤退を決定する判断基準を提供することから，前者の企業戦略の分析ツールとして位置づけられる．だからこそヘンダー

ソンらは，PPMの重責を担う唯一無二な意思決定者として経営者の有り様を強調する．このような彼らの主張を体現した経営者の一人に，GEの改革に辣腕をふるったCEOウェルチ（Welch, Jack）があげられる．GEは1970年代後半に至るまでコングロマリット経営に邁進してきた結果，多くの不採算事業部を抱えたまま非効率的な経営に苦しんでいた．1981年にCEOに就任してからGEの改革に乗り出したウェルチの戦略は，PPMを用いて「その事業領域でNo.1ないしNo.2になれないと予想される事業からは速やかに撤退しろ」，というきわめて単純明快な論理に裏付けられたものであった．俗っぽくいえば，見込みのある事業分野は育て，見込みのないそれは切り捨てるという戦略である．

　このように，PPMは企業がなぜ多角化しなければならないかという問いに対して，ある事業は将来稼ぎ頭になる可能性もあれば赤字を垂れ流す足枷にもなる可能性があるから，単一事業に専心するのではなく，敢えて事業を複線的に営むことでリスクヘッジになる，という主張をもって答えているのである．つまり，PPMは将来を担うであろうと予測される事業に対して経営資源を戦略的に配分し，効率的な経営を行う道標を提示することによって，多角化の意義に言及したということになる．ただし，どれほど当該企業の内部環境と外部環境を意図の上では合理的に分析しようと努力しても，意図せざる結果が常につきまとうものである．短期的には不採算事業であっても，粛々とその事業領域にこだわり続けることが，将来のドル箱になることは少なくない．この辺のPPMに対する批判の詳細は後述することにしよう．

(2) EBD（Evidence Based Decision）としての戦略

　PPMの理論的貢献として第一義的にあげられるのは，「なぜ企業は多角化しなければならないか」という問いに対して，「製品のライフサイクル」という問題意識をもちつつ，先述したように企業戦略という視点から答えようとした点があげられよう．第7章で考察されているように，もちろんアンゾフ

(Ansoff, H. I.) もまた，企業が成長するために「市場」と「製品」という2軸両方において「新規」となる多角化戦略の重要性を指摘している．しかしながら，アンゾフは成長戦略としてシナジーという概念を用いながら多角化の意義を強調してはいるものの，そもそも多角化がなぜ企業にとって必要なのかを必ずしも明示的に説明してはいない．万物はやがて陳腐化するのと同様に，当該企業が産出する製品ないしサービスも顧客にとって自ずと陳腐化する．この陳腐化という現象を前提に，企業戦略としての多角化の有効性を論じたところに，PPMの理論的貢献があったことはいうまでもない．

第2の貢献としては，当該企業の抱える事業の市場全体の成長率とそこでの自社のマーケット・シェア（市場占有率）という環境分析を通じて，客観的根拠に基づいた事業の多角化と撤退に関する意思決定枠組みを提示したことにある．とりわけ，長年のコンサルタント業務から得られた実証的データに基づいて，累積生産量とコストとの相関関係を導いたことは，その後の先行者利益 (first mover advantage) に関する議論に大きな影響を与えたといえる．

上記のようなPPMの理論的かつ実践的な貢献をまとめると，客観的な根拠に基づいた多角化の意義や方法を提供したということに集約できる．本書では上記のような貢献を，EBD（Evidence Based Decision：根拠に基づいた意思決定）としての戦略とラベリングすることにしよう．医療の世界ではEBM（Evidence Based Medicine: 根拠に基づいた治療）が近年ようやく叫ばれるようになっているが，企業の環境適合のための処方箋としての戦略に客観的根拠を与えたのがPPMなのである．EBDとしての企業戦略というPPMの考え方は，第11章で論じられるポーター (Porter, M. E.) のEBDとしての事業戦略へと発展していくことになる．

次節では，ヘンダーソンらBCGが開発したPPMなる意思決定枠組みについて詳細に説明していくことにしよう．

第10章　市場分析と事業の多角化　▶ヘンダーソン＝BCG　89

第2節　理論的フレームワーク ―経験曲線とPPM―

　PPMは，当該企業の外部環境と内部環境とを見据えつつ，現在の事業活動に要するキャッシュフロー（資金の流れ）を勘案して，事業のスクリーニングを行うための意思決定枠組みである．この時重要な鍵となる変数が，「プロダクト・ライフサイクル」,「経験曲線」,「市場成長率」，そして「相対的マーケット・シェア」である．これらについて順を追って見ていくことにする．

(1) プロダクト・ライフサイクルと経験曲線

　プロダクト・ライフサイクルとは，図表10―1に示されているように，縦軸にあるプロダクト（製品やサービス）が成長から衰退に至るまでの4つのフェーズを経てやがて市場で淘汰される一連のプロセスを指す．

　あるプロダクトが市場から消滅してしまう理由には，イノベーションにより同じ機能を担う別の代替的プロダクトが市場に現れたり，あるいは単に消費者からプロダクトそのものが飽きられてしまうなどの原因がある．もちろん，嗜好性の強いプロダクトはニッチな市場が保持されるために，必ずしも古いプロダクトが完全消滅するわけではない．たとえば，オーディオやカメラなどは，

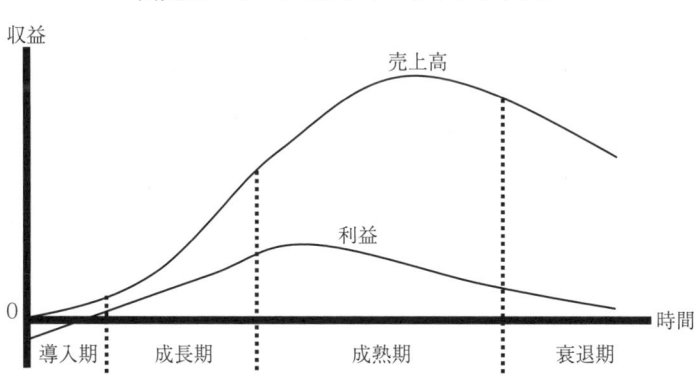

図表10―1　プロダクト・ライフサイクル

出所）Kotler, P. (1980) 邦訳（1983, p. 222）

プロダクト・イノベーションによって主要な顧客はアナログからデジタルに移行したのだけれども，真空管アンプやレコード・プレイヤー，あるいは銀塩カメラは，ニッチな市場として未だに保持されている．とは言え，一般に旧プロダクトは市場からやがて淘汰され，新プロダクトに取って代わられるのが世の常である．この代え難い事実を前提にした場合，一企業がある特定のプロダクトに固執していると，やがて訪れる当該プロダクトの衰退と企業自体の衰退が背中合わせの状態になる．したがって，マーケット・シェアの高いプロダクトから成熟期に得られる高い収益を，将来成長が見込まれるプロダクトを育成する資金源にしなければならない，という基本スタンスがPPMにはある．

　PPMの前提には，経験曲線（experience curve）というもうひとつの鍵概念が存在していることを忘れてはならない．これは上記で述べられたように，当該企業のマーケット・シェアの高いプロダクトから，高い収益性が成熟期に確保されるという仮説に関連している．

　ヘンダーソンらは，半導体産業を手始めに，その後数千にも及ぶプロダクトについて検証することによって，あるプロダクトの累積生産量が倍増するにつれて，生産コストは20〜30％減少するという事実を突き止めた．図表10―2に示されている生産量とコストとの相関関係を，彼らは経験曲線とよぶ．そして，長期にわたりマーケット・シェアのトップを保持してきたリーディングカンパニーは，この経験曲線の効果が大きく働くので，市場で最も収益性の高いコスト構造を享受でき，ますますもって当該市場でのリーディングカンパニーの地歩を固めることができるというのである．図表10―3にあるように，ある企業がAからB，BからCへと一定の割合で価格を下げたとしても，経験曲線効果が作用するので同時に斜線の損失面積も次第に減少していく．よって，追随する企業が同じ価格へ同質化しようとしても，先行企業はコスト耐久力が増しているのでさらに低価格で販売することができ，追随企業を価格面でいっそう引き離しにかかることできるというわけだ．

　経験曲線の効果が現れる理由は，累積生産量の増加すなわち生産時間を重ね

第10章 市場分析と事業の多角化 ▶ヘンダーソン＝BCG　91

図表10－2　累積生産量とコストの関係（経験曲線）

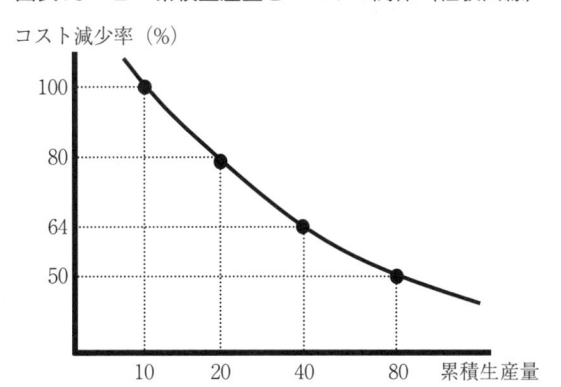

出所）アベグレン＝BCG（1977, p.28）を若干修正

図表10－3　経験曲線と価格設定

出所）土屋（1984, p.204）やアベグレン＝BCG（1977, p.34）を参考に筆者が作成

るにつれて，その間に労働者の作業習熟度が向上したり，新しい生産設備の導入よる作業工程の合理化が実現されたり，あるいは業務フロー全体の改善がなされるなどがあげられる．

(2) 市場の成長率とマーケット・シェア

　図表10―1のプロダクト・ライフサイクルにあったように，市場全体の売上規模は，飛躍的に伸びている「成長期」もあれば，伸び率の低い「導入期」や「成熟期」も存在する．企業は現在営んでいる各事業（プロダクト）がライフサイクルのどの時期に該当し，その中で自社のマーケット・シェアはどれほどの位置にあるかを検討する．これらを念頭に置きながら，各事業（プロダクト）にいかにして経営資源を分配し，場合によってはその事業から撤退することも意思決定しなければならない．

　PPMでは，先述した経験曲線効果に加え，同一製品の価格格差は平準化されると仮定するので，マーケット・シェアの高低こそが利益率に大きな影響を及ぼすものと見なす．それゆえ，当該市場における自社のマーケット・シェアは，トップ企業のそれと相対的な比較をもって行われるべきだと主張する．これを相対的マーケット・シェアという．たとえば，企業Aのマーケット・シェアが30％で業界2位だったとしよう．業界トップの企業Bのマーケット・シェアが40％の場合，企業Aの相対的マーケット・シェアは，30÷40 = 0.75となる．また反対に企業Aがトップで，企業Bは業界2位の20％だったとしたら，企業Aの相対的マーケット・シェアは，30÷20 = 1.5となる．このように当該市場でトップ企業のマーケット・シェアを常に基準（分母）として考える相対的マーケット・シェアで把握するので，同じ30％でもその意味合いの違いが容易に理解できよう．

　そして，市場全体の成長率を縦軸に，その中で自社の相対的マーケット・シェアを横軸にして，自社の抱える事業を図表10―4のように4つの象限にプロットして全社的な戦略を考えるのが，PPMの理論的基盤となる．

　これら4象限を図表10―1のプロダクト・ライフサイクルの4つの段階と関わらせて説明すると以下の通りである．

　「問題児」とは，プロダクト・ライフサイクルの導入期から成長期前半くらいにさしかかった時期にあり，市場そのものの成長率は高いけれども，その市

図表10-4　製品マトリックス

	自社の相対的マーケット・シェア	
高 ←		→ 低
花形製品（STAR）★	問題児（PROBLEM CHILD）？	
金のなる木（CASH COW）$	負け犬（DOG）×	

（市場全体の成長率：高↑　低↓）

出所）Henderson, B. D.（1979, p. 165）邦訳（1981, p. 236）

場における自社のマーケット・シェアが低い事業である．先述したように，PPMでは何よりもマーケット・シェアの獲得こそが競争優位の源泉になると考えることから，設備や販売などに積極的な投資を行い，自社のマーケット・シェアを高める努力に邁進する事業となる．入ってくるキャッシュ（キャッシュイン：利益）よりも出ていくキャッシュ（キャッシュアウト：費用）ばかりがかかるので，「問題児」なのである．

「花形製品」とは，ライフサイクルの成長期後半から成熟期前半にあたり，市場成長率と自社のマーケット・シェアが共に高い事業なので，業界的にもその企業的にも文字通り花形である．しかし，市場成長率が高いということは，当該市場に新規参入するうまみがまだ多く存在するので競争が激しく，積極的投資を行う必要がある．よって，薄利多売であることが多い．

「金のなる木」は，ライフサイクルの成熟期後半から衰退期に入っており，市場の成長率は低いが自社のマーケット・シェアの高い事業である．上記の「花形製品」という領域で表面化する熾烈な競争を経て，多くの退出企業が現れる中でサバイバルした企業のみが，「金のなる木」という事業を勝ち取ることができる．そのため，新規参入企業にとってみれば，当該市場での牽引企業が圧倒的なマーケット・シェアを誇っていることが少なくないところに加えて，市場成長率の低さから魅力的な市場にはみえない．こうした心理的な参入

障壁もあって,「金のなる木」を抱える企業にとってみれば,キャッシュアウトをはるかに上回るキャッシュインが見込め,まさにドル箱となる.

「負け犬」は,市場成長率も低ければマーケット・シェアも低い事業であり,そのような事業からは即刻撤退すべきだとPPMは主張する.プロダクト・ライフサイクル論でいえば衰退期にあたり,消費者から飽きられたり代替品が出現するなどして,市場が急速に収縮する時期である.

さて,ここで今一度PPMの基本前提に立ち戻ることにしよう.PPMは,プロダクトには必ずライフサイクルがあっていつかは衰退するというプロダクト観と,経験曲線効果により累積生産量が利幅に大きな影響を及ぼすというプロフィット観があった.前者の基本前提からは,事業の栄枯盛衰に対するリスク分散のため複数の事業を営むべきだという命題を,後者の基本前提からは,プロダクト・ライフサイクルの早い時期にマーケット・シェアを確保して価格競争力を付けることで競争優位を確立するという命題を導く.したがって,現在の稼ぎ頭となっている「金のなる木」で得た利益を,「問題児」に投資し,将来の「金のなる木」を育てる.このような事業間の循環的なキャッシュ・サイクルを創造することが,企業戦略に関するPPMの考え方となる.

ここで,**図表10-5**をみてみよう.先ほどの**図表10-4**で取り上げた製品マトリックスを基に,仮に企業Aがaという事業を営んでいるとして,事業aを時系列的に4つのセルにプロットしたものである.実線円が売上,波線円が費用を意味しており,実線円と波線円の差が当該事業から得られる損益を意味する.

大概の企業は,現時点では海のものとも山のものともわからない「問題児」の事業を複数抱えているものである.その中でとりわけ将来有望だと見込まれる製品を事業aと仮定しよう.先ほども述べた通り,「問題児」は現時点では自社のマーケット・シェアが低いため,積極的な投資を行って,とにかくシェアトップの企業に追いつき追い越すための攻勢をかけることになる.したがって,「問題児」という領域に事業aが存在する限り,シェア拡大のための設備

第10章　市場分析と事業の多角化　➤ヘンダーソン＝BCG　95

図表10－5　A社のPPM事例

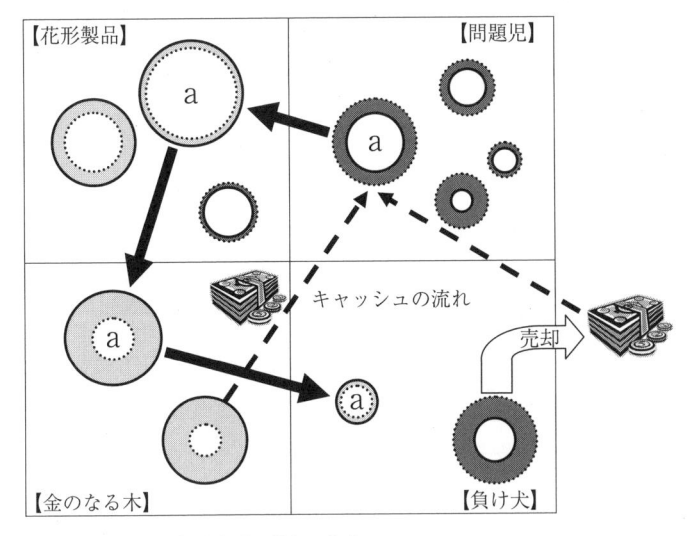

【花形製品】／【問題児】／【金のなる木】／【負け犬】／キャッシュの流れ／売却

出所）アベグレン＝BCG（1977, p.80）を参考に筆者が作成

投資や宣伝広告のようなコストが売上高を食いつぶし，図示されているように波線円が実線円を上回った状態すなわち赤字となる．事業aが競合企業との戦いに勝ち，シェアが上位に食い込んでくると，「花形製品」という領域に移行する．しかし，この領域では市場成長率が高いために，当該市場の既存の競争相手の巻き返しだけでなく，新規参入企業も多く現れる可能性が高いので，積極的な投資を維持せざるを得ない．結果，実線円が波線円を上回る状態すなわち黒字に転じるが，利幅は非常に少ない．場合によっては，シェア確保を優先するあまり，この領域でも赤字事業であるかもしれない．そして，市場成長率の低い成熟期を迎える頃に，事業aを「金のなる木」に仕立て上げることができたのなら，ようやく当該事業から利益を生み出すことができるようになるのである．最後に事業aは消費者から飽きられるか，代わりの機能をもつ新製品が現れるかして，市場から徐々に勢いを失っていく．この時，完全に消滅させるかニッチな市場として細々と存続させていくかの2つの方向性が考えられ

る．いずれにしても，「負け犬」になると以前の「金のなる木」のような稼ぎは見込めないので，事業 a 売却によるキャッシュや事業規模縮小に伴う余剰経営資源を，芽の出そうな「問題児」に傾斜配分することが肝要になるというわけである．

第3節　現代的意義

(1) 事業ドメインと事業ポジショニング

　PPM は今まで述べてきたように，全社的な戦略の中で各事業をプロフィットセンターとしてどのように位置づけるべきかを問う意思決定枠組みである．企業が多角化して抱えている既存事業の位置づけを考える際重要になるのが，当該事業がどのようにプロフィットを生み出していくかを考慮しつつ事業単位を再編することだ．このように各事業をプロフィットセンターたり得る単位へと戦略的に束ねた事業を，戦略事業単位（Strategic Business Unit: SBU）とよぶ．字義の通り，単独で戦略を立案できる規模の事業単位である．

　多角化を突き進めてきた企業は，当初各事業部を単に製品別や地域別，あるいはサービス別に組織化してきたかもしれない．その結果雑多とした既存の事業部ができあがってしまっている場合が少なくない．混沌とした既存事業を，共通する機能や価値へと統合して戦略事業単位にすると，「問題児」から「花形商品」へと結実するような将来性のある事業領域の道筋を明確にしてくれる．たとえば，冷蔵庫や洗濯機といった白物家電は，製品単体としては成熟した市場なので，ある企業にとっては「負け犬」と位置づけられるかもしれない．しかし，白物家電がコンピュータ技術との融合をはかることによって，新しい成長市場へと様変わりする可能性はある．

　戦略事業単位を検討すると，自ずと将来性のある事業とそうでない事業とを峻別し，前者に積極的な投資をすることができるようになる．いわゆる選択と集中だ．そして，選択と集中に関する意思決定に大きな影響を及ぼすのが企業

ドメインである．企業ドメインとは，当該企業の主たる事業領域のことである．企業ドメインを設定するメリットは，アンゾフの主調するシナジーという概念をもち出すまでもなく，今まで蓄積した経営資源に関連する事業へ進出することで，多角化に伴うさまざまなコストを低減できることにある．

とりわけ日本企業の場合，雇用慣行の問題から事業部を切り売りするような売買に少なからず抵抗があるので，漸進的な事業の縮小を採用せざるを得ない．[2] このような足枷があるという事実は，撤退する「負け犬」事業の人や情報などの経営資源を，別の事業へ転用する可能性を考慮する必要性を示唆している．それゆえ，日本企業では多角化と事業ドメインとは不可分な関係であることが改めて指摘できよう．先述したPPMを日本に先駆的に紹介したアベグレン（1977）もまた，米国企業と異なり雇用調整の困難な日本的雇用慣行を"非伸縮性"とよび，だからこそ逆説的に日本企業には企業ドメインを意識したPPMによる戦略策定がきわめて重要な意味合いを帯びてくると主張している．

上記のような指摘を受けていながらも，昨今の日本企業には将来を見据えた戦略を創造する経営者が不在だとする論議がマスメディアや学会からも指摘されて久しい．三品（2004）は，1960年からの40年間について収益性に関する日米比較を行った結果，日本企業はバブル崩壊前から歴史的に慢性的な低収益に喘いでおり，その大きな原因のひとつに，長期にわたって骨太な企業戦略を創造できる経営者が不在であることを指摘している．

事業を企業の中でいかにして戦略的にポジショニングさせるかは，当該企業の企業戦略すなわち企業ドメインをきちんとビジョンとして提示できるような経営者の存在が必要不可欠となる．PPMは，このように選択と集中を行う場合の企業戦略と，その創造主たる経営者の重要性を改めて現代の企業に示唆してくれている．

(2) 短期志向とプロセス・イノベーションの軽視

　すでに述べてきた通りPPMは，プロダクトには自ずとライフサイクルがあるので，企業はそのリスク回避のために事業を多角化する一方で，見込みのない事業からは撤退すべきだという論拠を提供している．この意思決定枠組みは，良くも悪くも経営者の合理的な経営判断を手助けしてくれるものである．しかし，ややもすればこうした消極的な思考は，一見すると市場成長率やその中での自社のシェアに陰りがあるように思えてもなお，その壁を超克することで得られる収益を見抜く経営者の眼力を曇らせてしまうことがある．経営者を短期志向の罠に陥れてしまうということだ．もちろん，「問題児」のような不採算部門を正当化するためにPPMが用いられるかもれない．その意味で，長期的な視点で経営を行うための一助を担っていると解釈できなくもない．しかし，詳細は第15章で論じられるが，過去の歴史を紐解くと，戦略事業単位を採用した米国企業は日本企業と比べて目先の利益に目が眩み，多くが業績不振に直面した事実からも明らかなように，PPMは経営者を近視眼的にさせてしまう魔力を纏っている．

　長期的視点に立って一定の事業領域に固執して経営資源を蓄積してきた日本企業が，世界の市場で競争優位を確立したように，敢えて多角化しないで勝ち組になるための特殊な経営資源の蓄積もまた，ひとつの経営戦略のあるべき姿を映し出しているといえよう．

注
1) ポートフォリオ（Portfolio）とは，本来「持ち出し可能な書類（紙）を挟むもの」という意味が語源で，派生して「芸術家の作品」や「有価証券（明細表）」などの意味もある．70年代になると金融分野で，「モダンポートフォリオ理論」というリスク回避型の株式分散投資が財テクブームの波に乗って一世を風靡した．ヘンダーソンらは，このリスク分散のためにラベリングされた「ポートフォリオ」なる用語を，当該企業の掲げるプロダクト（事業）のリスク分散のための分析枠組みにあてがったのであろう．
2) もちろん，日本企業も事業部単位のM&A頻度はかつてよりも高まりつつあ

るが，それは日本企業と外資系企業間に顕著なのであって，日本企業同士の場合は必要な事業部を含め，企業全体をM＆Aする場合が多い．また，「負け犬」として不採算部門に位置づけられた事業部を売却したい場合に日本企業がとる方法としては，同じような「負け犬」を抱えている会社と合弁で別会社を発足し，こうした不採算事業を吐き出す方法が多くとられる．しかしこの場合でも，不採算事業を吐き出す形にはなるが，資本関係のあるグループ企業の中に存続し完全に切り離されたわけではないので，不採算事業の売買に制約があるという事実は変わらないのである．

参考文献

Andrews, K. R., *The Concept of Corporate Strategy*, Dow Jones-Irwin, 1971.（山田一郎訳『経営戦略論』産業能率短期大学出版部，1976年）

Henderson, B. D., *Henderson On Corporate Strategy*, Abt Books, 1979.（土岐坤訳『経営戦略の核心』ダイヤモンド社，1981年）

Henderson, B. D., *The Logic of Business Strategy*, Harper & Row, 1984.

Kotler, P., *Marketing Management: analysis, planning, and control*, Prentice-Hall, 1980.（村田昭治・小坂恕・疋田聡・三村優美子訳『マーケティング・マネジメント』プレジデント社，1983年）

アベグレン，J. C. & ボストン・コンサルティング・グループ（BCG）『ポートフォリオ戦略』プレジデント社，1977年

石井淳蔵・加護野忠男・奥村昭博・野中郁次郎『経営戦略論』有斐閣，1985年

土屋守章『企業と戦略』メディアファクトリー，1984年

沼上幹『わかりやすいマーケティング戦略』有斐閣アルマ，2000年

三品和宏『戦略不全の論理』東洋経済新報社，2004年

第11章
競争優位のためのポジショニング
➤ポーター

第1節　背景と問題意識

　1970年代の戦略論における最大の問題点は，戦略の策定のプロセスに関心を払うだけで，戦略の中身についての示唆に乏しかったことであろう．その最たるものがBCGのポートフォリオマネジメントといった分析ツールであり，形式的な戦略計画（経営計画）における計画設定プロセスである．

　ポートフォリオマネジメントのコンセプトはとても明快で，どの事業にどれだけ経営資源を配分すればよいかを明らかにすることが目的となる．その明快さのおかげで，プランナー（計画策定者）にとって戦略計画決定の根拠としては「使い勝手」が良かった．しかし，ポートフォリオを考えるためには市場を正しく分析する必要があるにもかかわらず，それ自身は市場の分析方法は提供できない．さらに，単純すぎて，経営者が実際の経営を行ううえでは，大して有効な指針とはならないという問題点がある．

　他方，戦略計画は戦略を実現するために何をすればいいかの道筋を明らかにしてくれる．しかし，計画設定プロセスが形骸化して惰性で計画を立てるようになれば，戦略の中身を議論する機会を見失ってしまう．それに加えて，戦略計画のほとんどを財務データで示すのであれば，コントロールがきつくなって組織の身動きがとれなくなるだけである．

　このように，1970年代の戦略論では，戦略の中身について関心を払わない

第11章　競争優位のためのポジショニング　▶ポーター

危険な状態の中でポートフォリオマネジメントや戦略計画がもてはやされた．そのようななか，1979年に登場したのがハーバード大学のポーター（Porter, M. E.）である．1980年代の戦略論に対するポーターの最大の貢献は，戦略策定のプロセスだけでなく，戦略の中身を議論する重要性を訴えたことにある．

ポーターにとって，戦略とは，競争優位を獲得するためのポジショニング（ポジションどり）である．他社に勝つためには他社と違うポジションをとれというのである．

ポーターの戦略論の核心は単純ではあるが，当時としては経営者のだれもが知りたかったことを示唆した．それは，① 自社が参入する市場の競争はどのようなものか，② 競争相手に対して自社がとるべきポジションはどこか，③ 自社はポジションを取るために何をなすべきか，である．

ポーターの優れた点は，1980年代という米国経済の停滞期という時代背景において，戦略の中身をどうするかを具体的な分析方法とともに提案したことにある．1980年当時の経営者は潜在的に，市場での競争を勝ち抜くための分析ツールを強く要望していた．ポーターは，「ハーバード大学のお家芸」ともいえる産業組織論を応用することで，その要望に応えた．

産業組織論はミクロ経済学の応用領域のひとつである．産業組織論では，市場が正常に機能しているかどうかを市場の分析によって評価することをテーマとする．それぞれの市場の分析ポイントは，市場の構造（Structure），市場の行動（Conduct），市場の成果（Performance）という3つである．そのような分析方法を，頭文字をとってSCPパラダイムという．

市場の構造については，特定の市場における競争の要因を明らかにする．市場の行動については，市場に参入している各企業がどのような行動をとっているかを明らかにする．市場の成果については，市場の効率性（正常に機能しているかどうか）や経済成長などを明らかにする．

ポーターは，SCPパラダイムという産業"全体"を解き明かす理論を応用し，"個別の"企業が成功するための戦略論を成立させた．SCPパラダイムで

は，市場の構造によって市場の行動が規定され，市場の行動によって市場の成果が規定されるという因果関係を想定している．他方，ポーターの戦略論では，市場構造の状態から，特定の企業が市場でどのポジションをとるべきかという戦略が導き出されると考える．

第2節　理論的フレームワーク ―競争優位のポジショニング―

ポーターは，市場で競争優位を勝ち取るためにどのようなポジションを取るかを分析する方法を明らかにした．第1に，市場における競争要因を分析する．第2に，企業の成果（利益など）を求めるためにどのようなポジションを取りうるかを考える．第3に，ポジションをとるのにどこがポイントになるかを見極め，どのように組織の活動を組み合わせるかを決める．ここでは，この3つに対応させて，5つの競争要因，基本戦略，バリューチェーンという3つの基本概念について検討しよう．さらに，戦略的フィット（strategic fit）という概念についても検討する．

(1) 5つの競争要因

特定の市場における競争の激しさは，5つの競争要因によって変わる．その競争要因とは，①新規参入者の脅威，②供給業者の交渉力の強さ，③顧客の交渉力の強さ，④代替可能な製品・サービスの脅威，⑤競争業者間の敵対関係の強さである（図表11－1）．

ポーターは，「戦略立案者の目標は，競争要因に最も身をさらさずにすむポジション，あるいは競争要因を意のままにできるポジションを見つけること」と指摘している[1]．つまり，可能な限り戦わずして特定の市場で勝つこと，もしくはリーダーの立場となることをめざすべきと，ポーターは指摘している．

第1の競争要因：新規参入者の脅威

新規参入が容易か困難かの違いによって競争の激しさが変わる．参入障壁が

図表11—1　5つの競争要因

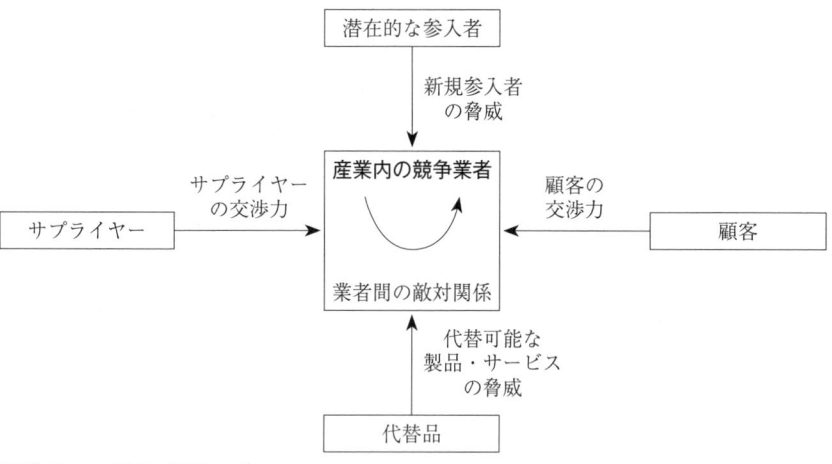

```
                    ┌──────────────┐
                    │ 潜在的な参入者 │
                    └──────┬───────┘
                        新規参入者
                          の脅威
                           ↓
┌─────────┐ サプライヤー  ┌──────────────┐  顧客の   ┌──────┐
│サプライヤー│─の交渉力──→│産業内の競争業者│←─交渉力─│ 顧客 │
└─────────┘              │              │          └──────┘
                         │業者間の敵対関係│
                         └──────┬───────┘
                                ↑
                           代替可能な
                           製品・サービス
                             の脅威
                         ┌──────────┐
                         │  代替品   │
                         └──────────┘
```

出所）Porter, M. E.（1980, p. 4）

高ければ市場の競争はそれほど厳しくなくなる．逆に，参入障壁が低ければ市場での競争は厳しいものとなる．参入障壁には規模の経済，製品差別化，必要な資金額，コスト面での不利，流通チャネルの確保，政府の政策などがある．たとえば，すでにリーダーの地位を築き上げた企業がある市場は，参入障壁が高い．すでにリーダーのいる市場へ参入しようとすると，リーダー企業の規模の経済や資金力にものをいわせた報復に立ち向かわなければならない．

第2の競争要因：サプライヤーの交渉力の強さ

　企業とサプライヤーとの間には力関係の不均衡が生じる．しかも，サプライヤーごとに力関係は異なる．たとえば，独自技術が採用された製品を供給するサプライヤーは交渉力が強くなる．世界でひとつのサプライヤーしか作れない部品なら，トヨタであっても強気に交渉できないだろう．サプライヤーの交渉力が強くなれば，おのずと購入コストが高くなる．コストの高さを価格の上昇に転嫁できないなら，自社の収益性は下がってしまう．

第3の競争要因：顧客の交渉力の強さ

　顧客との力関係も顧客ごとに異なる．たとえば，市場において顧客は価格を下げることを求めてくる．この要求を企業が飲まざるをえなくなるのは，その顧客が大量購入をする顧客だったり，顧客がそもそも少ない場合である．ほかにも，競争業者と比較するための情報を十分もっている場合，競争業者へ切り替えるコストが低い場合なども顧客の交渉力が強くなり，競争が激化する．

第4の競争要因：代替可能な製品・サービスの脅威

　企業が販売する製品やサービスの代わりとなるようなものが，他の市場においてどれだけあるかによっても企業の競争力が変わる．たとえば，郵便サービスと宅配便サービスのように，ある市場が販売やサービスの革新を図り大きくなると，もうひとつの市場が圧迫されることがある．このように代替的な製品やサービスが現れると価格の抑制を迫られるようになり，市場全体の収益性が低くなる．

第5の競争要因：競争業者間の敵対関係の強さ

　同じ市場内では，競争業者との間でポジション争いが起こる．敵対関係が強ければ，値引き合戦などの熾烈な戦いに明け暮れることになる．敵対関係が弱ければ，企業提携を行ったりして共存関係をもつこともある．敵対関係の強弱を決めるのは，同業者が多さ，業界の成長が遅さ，固定費や在庫コストが高さ，差別化の度合いや切り替えコストの高さ，生産能力（キャパシティ）の増加を小刻みにできるかどうか，競争業者がそれぞれ異なる戦略をもつかどうか，戦略の善し悪しが成否に大きく関わるかどうか，撤退障壁の大きさなどである．

　ポーターは，「5つの競争要因のなかでも最も強く作用する要因によって市場の収益性が決まり，それが戦略の策定において最も重要である」と指摘している[2]．SCPパラダイムでは，競争要因によって市場全体の収益が変わると考える．企業はその市場全体の収益のうち，最も収益を奪えるようなポジションをとらねばならない．どの競争要因が強く作用するかは，市場によって異な

る．だからこそ，まずはどの競争要因が強く，競争のカギとなるのかを見極めることが重要となる．

(2) 競争戦略

　どの競争要因がカギになるかを分析したら，次は競争戦略を考える．競争戦略とは，「産業内に防御可能な地位を創りだし，5つの競争要因にうまく対応して企業の投資利益率を向上させるための攻撃的もしくは防御的な行動」である[3]．防御に徹するポジションをとるか，積極的に打って出るポジションをとるかはどの競争要因が強いかで変わる．5つの競争要因から身を守り持続的な競争優位を獲得するには，どのようにポジションをとれるだろうか．

　ポーターは，競争優位のタイプは低コストか差別化の2つであるとした．そして，「その2つのタイプの競争優位について，企業がそれを達成しようとする活動の幅と結びつけて考えると，産業で平均以上の業績を達成するための基本戦略を3つ導き出せる」と指摘した[4]．その基本戦略が，コスト・リーダーシップ戦略，差別化戦略，集中戦略である（図表11—2）．

　コスト・リーダーシップ戦略，差別化戦略では，競争優位を獲得しようとする市場を広く設定する．他方，集中戦略では，競争優位を獲得しようとする市場のセグメント（細分化の区分）を狭くとり，低コストと差別化のいずれかを狙う．つまり，集中戦略には，コスト集中戦略と差別化集中戦略の2つのやり方がある．

第1の基本戦略：コスト・リーダーシップ

　低コストは，競争に打ち勝つ武器となる．低コストで製品やサービスを提供できれば，それだけで利益が大きくなるし，顧客の値下げ要求にも対応できる．低コストで提供するには，スケールメリット（規模の経済）を追求するのが最も一般的であろう．スケールメリットが得られるようになれば，参入障壁が高くなり競争から身を守れるようになる．代替的な製品やサービスから身を守ることもできる．

図表11－2　基本戦略

	競争優位	
	競争業者より低いコスト	差別化
広いターゲット	1．コスト・リーダーシップ	2．差別化
狭いターゲット	3A．コスト集中	3B．差別化集中

（競争の幅）

出所）Porter, M. E.（1985, p.12）

　ただし，コスト・リーダーシップ戦略をとるには，一定の条件をクリアする必要がある．スケールメリットを享受するには，一定以上のマーケット・シェアをとらなければならない．ほかにも，サプライヤーとの交渉において優位に立っていなければならない．

　コスト・リーダーシップ戦略には危険な要素もある．コスト・リーダーシップを発揮できる企業は，競争業者がそれに追従せざるをえない状況を作り出す．それによって競争業者の収益性を弱めることになってしまう．

第２の基本戦略：差別化戦略

　差別化も，競争に打ち勝つ武器になる．差別化とは，競争業者にはない独自色の強い製品やサービスを提供することである．製品のデザインや機能だけでなく，製品の品質，販売方法や販売チャネル，アフターサービスなどでも差別化できる．差別化できれば，高い価格で販売できたり，顧客のブランド忠誠心を喚起できるようになる．製品を差別化してブランド力を高められれば，後続企業の参入を抑制できる．

　他方，差別化戦略にも危険な要素はある．差別化はどうしてもコストが相対

的に高くなってしまう．そうすると，差別化された製品を提供しても，顧客自身がコスト削減するために，競争業者の低価格の製品に流れてしまうかもしれない．低価格の代替的な製品やサービスに顧客が流れてしまうこともある．

また，顧客が企業の独自性に魅力を感じるとは限らないし，いったん顧客に独自性が認められても，顧客がいつまでもその独自性に魅力を感じる保証はない．

第3の基本戦略：集中戦略

集中戦略の狙いは，市場の限られた範囲にポジションをとって競争業者を追い出し，その市場の利益を根こそぎ自社のものとすることである．集中戦略では，狭い範囲での製品やサービス，あるいは地域などに集中する．そのときに，低コストと差別化のいずれかの競争優位を獲得しようとする．

ただし，集中戦略は，ターゲットとする市場セグメントを小さくとるので，どうしても収益の規模が小さくなる．そのため，市場セグメントは小さくても，収益がなるべく大きい市場を探し出すことがカギとなる．

ポーターは基本戦略のうち，いずれの競争優位も獲得できなくなってしまわないように，どれかひとつに絞るべきであるという．どれも狙おうとすると首尾一貫しない中途半端な活動を行ってしまうからである．たとえば，コスト・リーダーシップをとろうとすれば，ある程度の差別化はあきらめざるをえない．他方，差別化しようとすれば，ある程度のコスト高は許容せざるをえない．このように，ポーターは低コストと差別化はトレードオフの関係であると考える．

(3) バリューチェーン

基本戦略のうち，いずれかひとつに集中すべきとポーターは主張する．では，どこに集中するかをどのようにして決めるのか．そこで使う概念が，バリューチェーンである（図表11－3）．

バリューチェーン（価値連鎖）とは，価値（バリュー）を生み出す一連の活動の連鎖である．バリューチェーンは，価値を生み出す活動とマージン（利ざや）からなる．活動は主活動と支援活動に分けられる．

主活動は，価値を生み出すのに直接関わる活動である．主活動には，購買物流，生産，出荷物流，マーケティング・販売，アフターサービスがある．

支援活動は，主活動の遂行を支援する活動である．支援活動には，企業のインフラ，人的資源管理，技術開発，調達業務がある．点線で区切ってあるのは，支援活動はなんらかの主活動に対して関連性をもっているからである．他方，企業のインフラは個々の主活動には関連せず全体を支援する．

ここでの価値とは，顧客が支払う金額だと捉えられる．この金額はいわゆる

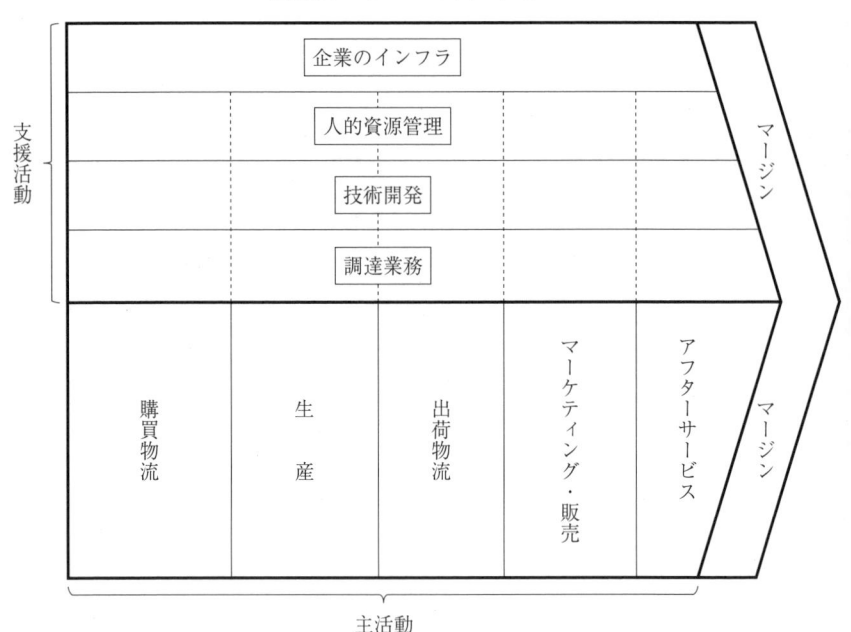

図表11―3　バリューチェーン

支援活動	企業のインフラ					マージン
	人的資源管理					
	技術開発					
	調達業務					
	購買物流	生産	出荷物流	マーケティング・販売	アフターサービス	マージン

主活動

出所）Porter, M. E.（1985, p. 37）

企業の収益である．この収益から，活動にかかるコスト（原材料費，労務費など）を差し引いたのがマージンである．

　企業のバリューチェーンを分析するのは，企業の競争優位のポイントを特定するためである．競争優位のポイントは企業のバリューチェーンのどこかに埋まっている．そのために細かな業務活動にまでバリューチェーンを分解してカギになる部分を見つけ出し，どの基本戦略に集中するかを決める助けとする．
　たとえば，差別化戦略をとるには，どの活動を差別化するのが良いかを考えるのにバリューチェーンを分析する．どのような活動が競争優位の獲得に関わるかは，産業によって大きく異なる．たとえば，液晶テレビの市場では，技術開発に競争優位のカギが埋まっているかもしれない．

(4) 戦略的フィット

　ポーターの戦略論は，多くの研究者から批判を受けた．たとえば，ポジショニングは模倣することが容易である，あるいはポジショニングは分析にかかる労力のわりに当てにならないという批判がある．ミンツバーグ（Mintzberg, H.）は，ポジショニングアプローチによる戦略の策定とそれに続く戦略計画について，とりわけ批判的な見解をとる．分析に執着しすぎて，ハードデータ（計数的なデータ）に頼りすぎるというのである．[5]

　なにより決定的になったのが，1980年代の日本企業の成功と米国企業の停滞である．日本のメーカーは業務効率を極限まで引き上げ，低価格高品質の製品を市場に送りだして成功した．ポーター的な考え方からすれば，低コストと差別化を同時に実現しようとするアプローチは，戦略がないということになる．それなのに当時の日本企業は米国企業に圧勝していた．

　そのような批判のなか，ポーターは1996年に *What is Strategy?*（『戦略の本質』）という論文を上梓した．この論文でポーターは，業務効率の圧倒的な差が日本企業の武器であったが，日本企業同士で模倣しているにすぎず，結局は

共倒れになったと論じた．そして，ポーターは述べた．業務効率は前提のひとつに過ぎず，「日本は戦略を学ばなければならない[6]」と．

本論では，業務の効率化と戦略との違いについて言及している．業務の効率化はそれぞれの活動を卓越させることであるが，戦略はそれぞれの業務を組み合わせることに関係すると位置づけた[7]．

また，この論文では，戦略フィットという新しい概念を打ちだしている．戦略フィットとは，戦略の実現を支える諸活動における一貫性のことである．ポーターは，顧客との関係でポジショニングをとろうと分析するのは誤りで，本当に重要なのは活動を差別化することとした．

たとえば，ポーターはサウスウェスト航空の事例を使って戦略的フィットを説明した．サウスウェスト航空の競争優位の源泉は，諸活動が相互にフィットして，補強しあっていることだという．そして，諸活動を強くフィットさせることができれば，模倣者を市場から閉め出すことができると述べた．

戦略的フィットという概念を打ちだすことによって，バリューチェーンの分析が補強された．つまり，ポジショニングを選択したら，どの活動がポイントになるかだけでなく，それらの活動が相互にどのように関連するかを決める必要性をあらためてポーターは論じたのである．

ただし，ミンツバーグの批判にはうまく反論できていない．ポーターの戦略論の意義は本質的に分析的なツールを提示することである．それゆえ，ミンツバーグの批判へ反論するのにも限界がある．

第3節 現代的意義

1980年代の戦略論における最大の権威はポーターである．ここではあえて肯定的にポーターの戦略論の現代的な意義について考察しよう．

結論からいえば，たとえ批判にさらされようとも，ポーターの戦略論の意義がなくなってしまったわけではない．たしかに，ポジショニングアプローチの

第11章　競争優位のためのポジショニング　▶ポーター　111

登場によって，戦略計画の主役だったプランナーの地位を下げることはできたが，代わりにアナリスト（分析担当者）が台頭してしまった．なによりハードデータを中心とした戦略計画は生き残ったままである．しかしながら，1980年代という時代背景を考えれば，「他企業と差別化せよ」と企業が進むべき方向性を，具体的な分析手段をもって指し示した貢献度の大きさは素直に認めるべきであろう．

そもそもが「競争に勝てる戦略とは何か」という問題は，アポリア，すなわち「説きようのない難題」である．しかしながら，厳密な解答はできずとも，おおよそ納得できる程度の解答は用意しないと，組織はカオスになり動き出すことができなくなってしまうだろう．それならば，曖昧でも良いから"とりあえず納得できる"方向性を，ひとつの解答として示唆することにも一定の益はあるとみるべきだろう．方向性が決まって進み出したら，そこから先で微調整できさえすればよい．

ただし，戦略の策定では少なからず未来予測を伴う．未来予測は本質的に，すでに過去のものとなってしまった事象に関わる情報を手がかりに，不確実な洞察を感じ取るにとどまる．どんなに精緻な分析をしたところで，精緻な洞察を得ることはできない．そうすると，たとえどんなにコストをかけて戦略を策定しようとも，それに基づいて立案した"精緻な"戦略計画も不確実な前提に基づいているに過ぎないと思うしかない．

まず注意すべきは，そもそも戦略の策定と戦略計画（日本企業では経営計画とよぶ）は，関連すれども同じものではない．戦略の策定は新しい戦略を考え出すことである．戦略計画は戦略の実行方法を決定することである．

変化しつづける世界では，策定された戦略もあくまで不確定である．それを前提に立案した戦略計画を守ることが目的となってしまっては基も子もない．普通のバランス感覚をもってすれば，この程度の理解はできるはずである．

問題なのは，詳しく戦略を立案することよりも，ハードデータ中心の戦略計画であるとみて間違いはなかろう．財務数値などのハードデータ中心の戦略計

画は,人事評価とも結びついてくる.戦略計画を順守しなければ減給されるのであれば,間違っていたとしても順守しようとするだろう.そのせいで,あらかじめ決まった方向性,すなわちポーターのいうところの戦略を微調整するほどの融通が利かなくなる.このような戦略計画の逆機能には注意が必要である.

他方,日本企業にとっての現代的意義とはどのようなものか.現在の日本企業では,戦略論が非常に注目されている.ただし,いまだに日本で戦略論といえばポーターの戦略論をイメージする人も多い.

日本では,護送船団方式の産業構造によって競争が抑制されてきた.ところが,政府主導のグローバリゼーションと規制緩和によっていきなり競争環境に放りだされ,中堅企業以下の多くが方向性の定まらないまま漂流している.そのような漂流する企業の経営者にとって,ポジショニングアプローチはどれほど魅力的なのだろう.このような企業の場合は,ポジショニングアプローチにも一定の有効性があるとみるべきである.

そうなると,日本企業についてはバランス感覚を失わなければ大丈夫と構えるしかない.くれぐれも過度にハードデータに偏った戦略計画によって,身動きがとれないようになってしまわないことである.ただし,最近の日本企業ではハードデータに偏る戦略計画はあまりみられなくなってきた.この傾向には少しだけ安心できるが,油断はならない.

注

1) Porter, M. E., "How Competitive Forces Shape Strategy", *Harvard Business Review,* February-March, 1979, p. 137
2) *Ibid.,* p. 138
3) Porter, M. E., *Competitive Strategy: Techniques for Analyzing Industries and Competitors,* Free Press, 1980, p. 34
4) Porter, M. E., *Competitive Advantage: Creating and Sustaining Superior Performance,* Free Press, 1985, p. 11
5) Mintzberg, H., Ahlstrand, B. and J. Lampel, *Strategy Safari-A Guided Tour*

Trough the Wilds of Strategic Management, The Free Press, 1998, pp. 81-122
6) Porter, M. E., "What Is Strategy?", *Harvard Business Review,* November-December, 1996, p. 63
7) *Ibid.,* p. 63

参考文献

Kim, W. Chan and Renee Mauborgne, *Blue Ocean Strategy,* Harvard Business School Press, 2005.（有賀裕子訳『ブルーオーシャン戦略』ランダムハウス講談社, 2005年）

Mintzberg, H., *The Rise and Fall of Strategic Planning,* Prentice Hall, 1994.（中村元一監訳『「戦略計画」創造的破壊の時代』産能大学出版部, 1999年）

Mintzberg, H., Ahlstrand, B. and J. Lampel, *Strategy Safari- A Guided Tour Trough the Wilds of Strategic Management,* The Free Press, 1998.（齋藤嘉則監訳『戦略サファリ―戦略マネジメント・ガイドブック』東洋経済新報社, 1999年）

Porter, M. E., "How Competitive Forces Shape Strategy", *Harvard Business Review,* February-March, 1979, pp. 137-145.（「競争の戦略　5つの要因が競争を支配する」『Diamondハーバード・ビジネス・レビュー』2007年2月号, pp. 40-53）

Porter, M. E., *Competitive Strategy: Techniques for Analyzing Industries and Competitors,* Free Press, 1980.（土岐坤他訳『競争の戦略』ダイヤモンド社, 1982年）

Porter, M. E., *Competitive Advantage: Creating and Sustaining Superior Performance,* Free Press, 1985.（土岐坤・中辻萬治ほか訳『競争優位の戦略：いかに高業績を持続させるか』ダイヤモンド社, 1985年）

Porter, M. E., "What Is Strategy?" *Harvard Business Review,* November-December, 1996.（中辻萬治訳「戦略の本質」『Diamondハーバード・ビジネス・レビュー』, 1972月―3月号, pp. 6-31）

Porter, M. E., "From Competitive Advantage to Corporate Strategy", *Harvard Business Review,* May-June, 1987, pp. 43-59.（編集部訳「競争優位の戦略　「企業戦略」を再考する」『Diamondハーバード・ビジネス』, 2007年2月, pp. 54-77）

植草益・井出秀樹・竹中康治・堀江晶子・菅久修一『現代産業組織論』NTT出版, 2002年

新庄浩二編『産業組織論』有斐閣, 1995年

第12章
戦略は組織に従う
➤マイルズ＝スノー

第1節　背景と問題意識

　1960年代から1970年代中頃まで，戦略論では詳細な企業戦略を策定するための手法を提供する分析的なアプローチが主流であったが，1970年代後半にかけて，やがて2つの流れが生じる．第1は，当初の企業レベルの戦略から次第に個別事業の競争局面における戦略を探求する，競争戦略論へとつながる系譜であり，第2の流れは，戦略の計画の側面だけでなく実行・実現過程をも視野に入れたプロセス学派である（大滝他，2006）．

　プロセス学派は，戦略をより幅広い組織的コンテクストの中に位置づけ，組織と環境の相互作用，および組織内のダイナミックな社会的相互作用の結果として，創発的に生じる整合的なパターンとして把握する[1]．すなわち，戦略を単に本社の幹部やスタッフによって所与の時点で意図的に策定・構築されるものではなく，さまざまな組織の行為者の意思決定と，その実行および結果の複雑な関わりあいから，事後的に形成されてくる一連の流れとしてみなす．

　本章で取り上げるマイルズ＝スノー（Miles, R. E. and C. C. Snow, 1978）の *Organizational Strategy, Structure, and Process*（『戦略型経営』）は，そのようなプロセス型戦略論の初期の研究に当たると考えられている．なぜなら，それは彼らが戦略を構造や過程などの組織要因との相互作用において捉え，そして，その相互作用の中から生じる複数の戦略的な環境適応の行動パターンに言

及しているからである.

　この戦略と組織の関連については，これまで，チャンドラー（Chandler, Jr., A. D., 1962）の命題「組織は戦略に従う」（第5章参照）によって，戦略から組織への一方的な規定関係として捉えるのが主流であったが，1970年後半頃になると，戦略のあり方が組織のあり方に規定されるような，逆の因果関係も多くの論者によって示唆されるようになっていた[2]．マイルズ＝スノーもまさにこのような論者の一人であり，彼らは，チャンドラー命題のように，経営者の戦略が組織の構造と過程を形づくるとしながらも，マーチ＝サイモン（March, J. G. and H. A. Simon, 1958）らに代表される意思決定学派などの主張を援用しつつ，その逆の「戦略が組織に従う」ということを指摘した．

　他方で，マイルズ＝スノーは，ネオ・コンティンジェンシーとよばれるコンティンジェンシー理論以降の組織の環境適応に関する諸理論のひとつとしても位置づけられている．これまで，環境と組織の関係については，環境や組織内状況のあり方によって，受動的に組織のあり方が定まるという，コンティンジェンシー論的な考え方が支配的であった．

　これに対し，組織のあり方は，組織の公式・非公式の主要意思決定者が内外の諸状況を認識した上でくだす，戦略的・政治的判断の結果として定まると主張し，ポスト・コンティンジェンシー論の先鞭をつけたのがチャイルド（Child, J., 1972）である．マイルズ＝スノーも，このようなチャイルドの戦略的選択論やワイク（Weick, K. E., 1969）の組織化理論を積極的に取り入れ，コンティンジェンシー理論を決定論と批判し，組織は自ら環境を創造し働きかける存在だとしている．すなわち，組織は単に所与の諸条件に対応しているのではなく，環境や状況を解釈し主体的に選択しているのである．

　このように，戦略のみに焦点を当てるのではなく，戦略論や組織論のさまざまな考えを取り入れ，「組織は環境を創造する」，「戦略は構造を形作る」，「構造が戦略を規定する」という側面を統合して，組織の環境適応のプロセスを明らかにしようとした点に，マイルズ＝スノーの問題意識があると思われる．

第2節 理論的フレームワーク ―戦略行動のパターン―

(1) 基本的立場

　マイルズ＝スノーは，上記の戦略的選択論，チャンドラー命題と意思決定論から得た3つの視点が，著書『戦略型経営』の根幹になっていると述べる[3]．すなわち，組織は単に環境に規定される存在ではなく，公式的な権限保持者である経営者や，非公式な権力集団である支配的連合体が，各々の認識枠組みにそって主体的に環境を捉える．さらに，それら意思決定者の環境観や状況把握に基づく政治的意図や戦略的意思決定から，新たな構造や過程が構築され，環境との適応関係を確立する．ただしその際，既存の組織の構造や過程が意思決定者の探索範囲や可能な選択肢を制限し，戦略選択もまた構造によって規定される．こうして環境と戦略と構造（過程）は相互に影響し合うのである．

(2) 概念的ツール

　以上のように，主として戦略的選択アプローチに立脚した組織的適応を提唱するマイルズ＝スノーは，この適応過程において，経営者は，**図表12—1**のような3つの選択問題に直面するという．まず企業者的問題（entrepreneurial problem）は，どのような製品やサービス，または市場を選択するのかという，組織の環境選択や事業領域の定義に関わる問題である．

　事業環境や領域が確定すると，この企業者的問題に対するトップの解決を実際に運営するためのシステムを作り出す技術的問題（engineering problem）に直面する．具体的には，製品・サービスの生産と流通のために適切なインプット—アウトプットの転換過程を選択することである．

　このシステムは，その不確実性が除去され，信頼性をもった制度として定着されなければならない．つまり，企業者的問題および技術的問題の解決を成功させた組織のもろもろの活動を一過性とするのではなく，事後的に安定化・合理化する作業である．これが管理的問題（administrative problem）の，とりわ

第12章　戦略は組織に従う　▶マイルズ＝スノー　117

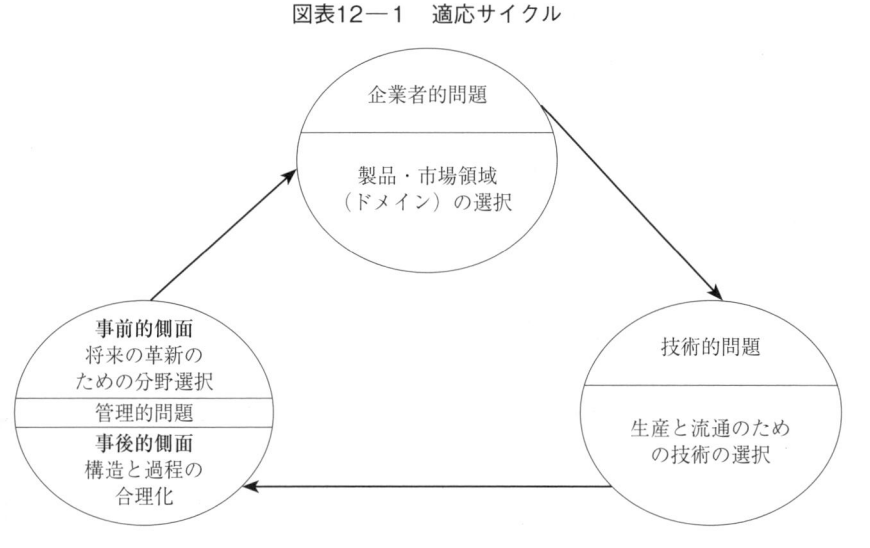

図表12—1　適応サイクル

```
                        企業者的問題

                     製品・市場領域
                    （ドメイン）の選択


    事前的側面
    将来の革新の                              技術的問題
    ための分野選択
    管理的問題                              生産と流通のため
    事後的側面                              の技術の選択
    構造と過程の
       合理化
```

出所）Miles, R. E. and C. C. Snow（1978, p.24）邦訳（1983, p.30）

け事後的・後追い的側面（lagging aspect）である．

　だが，管理的問題には事後的側面とは別に，現在の管理のあり方が将来の環境適応行動を促進したり制約したりする事前的・先導的側面（leading aspect）がある．事後的なシステムの制度的保障と同時平行して，さらなる組織の発展につながる分野を選び，企業者的な革新を生み出す制度も構築しなければならないのである．このように企業者的問題，技術的問題，そして管理的問題をサイクル状に解決していく中で環境適応が図られる（図表12—1参照）．

　ただし，これら諸問題に対して，経営者や支配的連合体は必ずしも同じような方法で対処しない．組織は独自の定型化された環境適応パターンをもっており，それはおおむね，防衛型（defender），探索型（prospector），分析型（analyzer），受身型（reactor）とよばれる4つのタイプに集約されるという．[4]

　同書ではこの後，以上の戦略と構造・過程の相互作用を前提にして，実際の事例を用いつつ，パターンごとに固有の企業者的，技術的，管理的問題とその

対処方法およびリスクが解説される．具体的には，戦略は企業者的問題（事業領域の選択）と技術的問題（中核技術のあり方）に分けて論じられ，構造と諸過程（統制・調整・計画過程および，成果の評価と報酬・人事制度）は管理的問題で論じられる．また，これらの諸問題を解決する決定主体（支配的連合体や経営者集団）もパターンごとに特徴が異なり，同じく管理的問題の中で触れられている．

(3) 各パターンの概要と含意
1) 防衛型の企業家的，技術的，管理的問題とその解決策およびリスク

不確実で変化する市場に対して安定した部分を占有し，自らに有利な環境を作り上げようとするのが防衛型である．この市場領域の安定性という企業者的問題を解決するために，防衛型は製品・市場領域を狭く設定し，この限られた市場領域において競争者から比較優位性を守ることに専念する．当該市場領域外への関心が薄いので，その成長は，少数の製品に絞り込み，それらの市場浸透を漸進的に行うことによって図られる．しかし反面，専業ゆえのリスクを負うことになる．

このような限定的な製品・市場戦略のため，その技術的問題は，いかに効率的な財・サービスの生産・流通体制を確立するかであり，これを垂直統合により解決する．また通常，中核技術をひとつもち，経営資源は外部の技術探索に向けられず，この中核技術へ傾斜配分される．技術システムは，効率性を徹底するように構築されているため，技術転換が困難であるというリスクをもつ．

防衛型の管理的問題は，効率性を追及するために厳格なコントロールをいかに整備するかであり，そのための制度的解決策を考案している．まず，支配的連合体は内部志向的な知識や経験をもつ構成員，すなわち，内部昇進の生産および販売責任者が優勢であり，外部志向型のマーケティングや研究開発担当者の影響力は小さい．また一般に，その勤続年数は組織的安定性を確保するために長い．計画は行為に先立って策定され，問題発見型ではなく解決型である．

構造は職能別であり，高度に分業・専門化し，また，明確な職務規定・作業手続きが成分化され公式化の程度も高い．集権的統制もあいまって例外的な行動は見い出せない．コンフリクトも命令・権限の階層にしたがって解消される．業績は，生産コストなどの効率性指標を通期的に比較して評価する．報酬配分や人事制度は，製造や原価管理の分野に手厚くなっている．

　これらの解決策のリスクは，管理的問題の事後的側面に集中し，新たな市場機会の発見に関する事前的側面を補完する制度的枠組みがないことである．

2）探索型の企業家的，技術的，管理的問題とその解決策およびリスク

　探索型は，いかに新しい製品・市場の機会を見つけ，開拓するかという企業者問題に関心をもつタイプの企業である．したがって，その市場領域は広範囲であり常にその領域外を探索する．成長は，関連した製品および市場を水平的に拡大することで達成される．探索型は常に環境変化と歩調を合わせるので，その圧力から被害を受けることはない．反面，リスクとしては，幅広い事業領域のすべてで効率性を達成できないことである．

　現在の技術能力に限定されず新たな事業機会を求めるため，その技術的問題は，長期にわたる特定技術への関わりをいかに避けるべきかにある．複数の製品系列をもち，そのいずれもが短命である．各々の製品系列において，生産・流通システムの高度な効率性を求めることもない．

　製品と同様に技術も複数有し，相互関連が薄いため自由に廃棄・追加が可能である．なぜなら防衛型とは違い，技術が標準化されておらず，特定個人の専門家に埋め込まれており，それらの人材を入れ替えることで技術的柔軟性を確立しているからである．しかし，この特定個人への依存が，複数技術間の整合や調整を難しくしている．

　管理的問題は，集権統制化よりも，いかに分権化し組織の変化を促進するかにある．そのため，支配的連合体やトップ集団は外部志向型のマーケティングや研究開発の専門家で占められるが，どの集団が最も影響力をもつかは，現在探索している製品・市場領域次第である．また，集団は防衛型に比して大規模

であるが，革新に備えて構成は多様であり，かつ在任期間も短く流動的である．また内部のみならず専門領域の要請にしたがって外部からトップを招聘することもある．

　計画は問題発見型で試行錯誤によるフィードバックを重視する．好機を逃さないため，防衛型のように詳細な計画策定は行わない．構造も柔軟性を第一義として，タスク・フォースやプロジェクト・チームが頻繁に併用される製品別事業部制となっている．逸脱行動を可能とするために，明確な分業体制がなく，職務の境界も公式化されていない．雑多な組織全体の統制は，結果主義や成果主義によって保たれる．

　反面，コンフリクトは，放任型管理のために権限を背景とした調整が行われないので，個々の関係者・各部署の努力によって解決されなければならない．業績は売上高や利益などのアウトプット指標を同業他社と比較して評価し，人事・報酬システムはマーケティングと製品開発に手厚い．

　革新を奨励する探索型の管理制度は，次の市場・製品選択に備える事前的側面に優れているが，逆に，組織活動を合理化する事後的側面が弱く，その管理的リスクは，組織内の重複や無駄が多く，資源の効率的活用が阻害される点であるという．

　以上，防衛型は，戦略ドメインを狭く限定し，それに併せて内部志向的に技術の徹底的効率化を図り，その安定性を保証する硬直的な構造や過程を整備するが，半面，突発的環境変化に弱い．対して，探索型は戦略ドメインを広くとり，常に外部に革新の種を求め技術開発に専心し，環境変化への対応を怠らないだけでなく，自ら不確実性や変動性を創造する柔軟な構造・過程を発達させるが，効率性に劣る．このように両者はあらゆる意味で対照的だが，この両者の特性を兼ねるのが分析型である．

3）分析型の企業家的，技術的，管理的問題とその解決策およびリスク

　分析型に分類される企業は，安定した製品・市場領域を維持する一方で，いかに新しい製品・市場機会を見い出し開発するかという企業者的問題に取り組

む．結果として，安定的な領域と変動的な事業領域が複合している．成長は防衛型と探索型の両方のパターン特性をもち，漸進的で小規模な成長が市場浸透を通じてもたらされ，不連続かつ大規模な成長が市場開発によって成し遂げられる．

分析型の技術的問題は，安定的な事業領域ではいかに効率化し，変動的な事業領域ではいかに柔軟にするかである．このため，安定技術と柔軟技術という二重の技術中核をもち，その両者を結合する応用技術が発達している．技術的効率性はある程度標準化されているが，逆にいえば，高度に効率化することもなく，また効果的な柔軟性ももたない．

管理的問題は，2つの事業領域に併せて，構造・過程をどのように分けるかにある．支配的連合体は，外部志向的なマーケティング派と内部志向的な生産派，そして応用研究・技術派の混成となる．メンバーの在任期間はとくに長くはならない．

計画は，安定と変化の同時追及のため統合的な計画過程にはならない．安定した事業領域では，生産に関する問題の解決に重点・集中化した計画が立てられ，他方，変動的な事業領域では，新製品開発に関する問題を発見するための広範囲・包括的な計画が立てられる．

なお，構造はマトリックス的となる．専門家を集めた職能・機能部門を縦軸とし，必要に応じて，特定製品に責任を負うグループが横断的に設けられる．機能部門に対しては集権的に統制を行い，製品グループは分権化させ，自立性に任されている．

また，コンフリクトは，機能部門においては権限階層にしたがって制度的に調整されるが，製品別に関しては，リーダー間の調整に託される．組織の安定性と柔軟性の同時追求が分析型の管理制度の課題となる．業績評価は安定・変動のそれぞれの事業に応じて，防衛型と探索型の指標が使い分けられる．

総じて分析型は，効率と効果，安定性と柔軟性の二律背反のバランスがかえって足かせとなり，事業領域が大幅に変動するなど重点をどちらかに定めなけ

ればならない場合，中途半端な対応になる危険性がある．

4）受身型の企業家的，技術的，管理的問題とその解決策およびリスク

　受身型は上記のタイプに分類されない残余カテゴリーであり，トップが環境変化や不確実性を認識することはあっても，効果的に対応できない組織である．すなわち，環境変化にもかかわらず，既存の戦略・構造関係に固執し，危機的状況になるまで対応をほとんど行わない．さらに明確な戦略・事業領域が欠如している上，戦略に適合した構造をもたず，一貫性のある戦略・構造関係も欠いている．

　このように，環境，戦略と構造の整合的な関係性が確立しておらず，一連の適応行動のパターンを見い出せないのが受身型の特徴である．

(4) その他の論点と結論

　以上のように，マイルズ＝スノーは，環境諸条件との効果的な整合戦略と，その選択された戦略から生じる技術，構造および過程間の組織内の相互依存関係の一貫した管理方法を示している．彼らはさらに，これらの枠組みに基づきさまざまな議論を展開しており，その内のいくつかを紹介したい．[5]

　彼らは，自らの諸類型と第５章のチャンドラー・モデル（職能別組織と事業部制組織）の対応関係を整理している．防衛型は集権的職能別組織に当たり，タイプⅡの組織であるという．探索型は分権的事業部制組織に該当し，タイプⅢの組織であるという．対して，分析型と受身型は，チャンドラーのいう戦略に対して構造が適合していない状態，すなわち多角化採用による構造変化の圧力に対して組織が抵抗しているような，職能別から事業部制への過渡期の状態に近いという．このように，アメリカの企業は，その組織編成原理としての経営理論の発展とリンクしつつ，所有と経営が一致し創業経営者によって支配されたタイプⅠの組織から，専門経営者の登場によるタイプⅡ，タイプⅢと歴史的に変遷し，さらに，タイプⅣの市場マトリックス（market-matrix）組織へと進化していくと，マイルズ＝スノーは述べる．さらに，このタイプⅣの組織は，

第12章　戦略は組織に従う　▶マイルズ＝スノー

以下で述べるような組織学習を適用された組織であるという．

　受身型以外の諸類型は，各々が選択した環境に有効適応し，その条件で一定の成果をおさめるような戦略と組織のあり方を開発している．ただし，マイルズ＝スノーによると，より成果を上げる組織は，組織自体のもつ戦略，構造，過程を検討する能力，パターンのコストと利益を認識する能力，さらに変化が望まれる時にパターンを調整する能力を培っていく組織であるといい，パターン化の陥穽と学習する組織の方法論に言及している．

　なぜ，組織行動はパターン化するのか．彼らによると，組織はいったん成功した適応戦略を確立すると，他のアプローチの探求を衰退させていくという．新規行動への抵抗と現行行動の強化には，次のような組織内外の理由がある．

　まず，新たなパターンは外部の利害関係者が期待する組織の役割や姿を変えることによって，彼らの信頼性を失わせてしまう．また，現行パターンを変える権力をもつ支配的連合体がそれを確立した当事者であり，彼らの利害に適っているがゆえ，改変に抵抗する．さらにパターン化によって独自の能力が開発されるが，これを一層洗練するような方向で組織デザインの圧力がかかり，パターンは強化される．そのうえ，新たなパターンの探求は希少資源の再配分を伴い，それをめぐり成員間の要求が競合する状態となる．既存パターンのままであれば組織成員の活動は予測可能であり，経営者の調整負担は少なくて済むので，パターンの変更を嫌い，できる限り従来どおりのパターンを維持し続けようとするのである．

　マイルズ＝スノーはアージリス（Argyris, C., 1977）の学習理論を引用し，組織が現行パターンを繰り返し，それに習熟していくようなシングル・ループ学習から脱却するには，既存パターン自体をより高次の視点から評価・検討し，他の適応方法を探求するダブル・ループ学習が必要であると述べる．

　この高次学習を促進する制度的仕組みとしては，外部コンサルタントや社外重役を活用して外部情報を獲得する方法や，新たなパターンを探求する学習・実験ユニットとして，組織の主要システムから物理的・機能的に切り離された

部門や子会社を設け，そこで生起するパターンを活用する方法があるという．

第3節 現代的意義

このように，環境へのかかわり合いという企業者的問題の取り組み方，すなわち戦略のあり方によって，技術や構造・過程などの技術的・管理的問題と解決方法のあり方が定まり，そして，結果として構築された構造や過程が，次のとりうる戦略的選択肢の範囲を限定し，結局は，現行の構造や過程との適合性から，従来の戦略（＝環境との関係性）が選択され，パターンが確立する．いったんパターンが確立するとその枠内での学習が促進され，さらに強化される．この反復から逃れるには，パターン自体を検討する高次学習が必要となる．ただし，心理的・政治的・システム的理由から抵抗があり簡単ではない．組織の周辺や外部から変革をよび込む必要がある．

その後の研究動向について述べたい．マイルズ＝スノーの諸類型は，有効・非有効な環境適応パターンを表しており，成果との関連を前提に議論しているが，より明示的に諸類型と成果の関連を検討し，最も成果をあげる類型を特定したのがマイルズ（Miles, R. H., 1982）である．マイルズはタバコ産業の分析から，環境変化に敏感な探索型が継続的に高い成果を上げることを見い出した．探索型は，絶えずマーケット志向の経営者が一定のスパンで交代し，既存の構造や能力に適した関連多角化を推進していた．対して，分析型，防衛型や受型は突発的な大規模環境変化に弱く，大きな成果の低迷を経験し，定型的な交代連鎖が崩れるような唐突な経営者交代が起こった後，既存の構造や能力を無視する非関連多角化を行い，パターンのあり方を変えると述べている．

さらに，マイルズ＝スノーの研究は，同時期になされたミンツバーグ（Mintzberg, H., 1978）の戦略形成パターンの研究とともに，戦略を広い文脈で捉えるプロセス型戦略論の先鞭をつけ，その後，バーゲルマン（Burgelman, R. A., 1983）やバーゲルマン＝セイルズ（Burgelman, R. A. and L. R. Sayles, 1986）の戦略

プロセスのニューモデルを経て，既存の組織の能力や資源が可能な戦略的選択肢を制限することを示唆した．ハメル＝プラハラード（Hamel, G. and C. K. Prahalad, 1994）のコア・コンピタンス論や近年の資源ベース視角（Resource Based View）へ至り，今日では，これら能力・資源ベース理論がプロセス型戦略論の中核理論として確立しているという（石井他，1996；大滝他，2006）．この意味で戦略における組織的な学習や能力蓄積過程に言及したマイルズ＝スノーの研究は，資源ベース理論の基礎を作り上げた研究のひとつとして評価できる．

その他の，とくに実践性を含む意義として，組織慣性の存在を指摘したことがあげられるだろう[6]．組織の慣性とは一般に，環境変化にもかかわらず，組織がそのままの状態でいようとし，環境への適応がなされなかったり，または適応が遅れたりすることを表す概念である（Hannan, and Freeman, 1984）．

既存の構造・過程に固執する受身型や，構造・過程が硬直的な防衛型は，強力な慣性が働いているといえる．だが，常に変化に先行し自己革新する探索型は，どうだろうか．探索型も組織の変化を制度化させているという点で，慣性が作用していると考えられる．つまり，構造や過程がかわらないという慣性ではなく，ある構造・過程からある構造・過程へと定型的に移行しているだけの可能性があり，変化の常態化という組織行動レベルの慣性に陥っているといえなくもない．問題は戦略行動のパターンそのものを変えられるかであるが，たとえば，両方のパターンの並存している分析型が完全な切り替えを可能にすれば，慣性を打破できていることになるかというと，パターン間の移行過程も常軌化されれば，慣性が存在している状態に等しいことになるのである[7]．

世間的に革新的といわれる企業の数多くも，自覚のないまま，実際にはこのような慣性にとらわれているかもしれない．マイルズ＝スノーの研究は，背景を含めた幅広い視野から，企業行動を自己点検・自己評価する重要性を示唆しているともいえる．

注

1）大滝精一・金井一賴・山田英夫・岩田智『新版　経営戦略』有斐閣アルマ，2006年，pp. 10-11参照．なお，プロセス型戦略については，詳しくは，奥村昭博『経営戦略』日本経済新聞社，1989年を参照されたい．

2）マイルズ＝スノー自身が述べるように，かなり以前からマーチ＝サイモン（1958）に代表される意思決定論者などが逆の因果関係を示唆していたが，1970年代後半から戦略論の中でより明示的に指摘されだしたといえる．マイルズ，R. E.＝C. C. スノー（土屋守章・内野崇・中野工訳）『戦略型経営』ダイヤモンド社，1983年，pp. 9-11参照．戦略論におけるマイルズ＝スノー以外の代表的な研究として，たとえばガルブレイス，J. R.＝D. A. ネサンソン（岸田民樹訳）『経営戦略と組織デザイン』白桃書房，1989年を参照．

3）以降の彼らの議論の要約に関しては，原著の Miles, R. E. and C. C. Snow, *Organizational Strategy, Structure, and Process*, McGraw-Hill, 1978. と邦訳書の土屋守章・内野崇・中野工訳『戦略型経営』ダイヤモンド社，1983年を参考にしている．ただし，原著の Structure について，邦訳書では「機構」と訳されているが，今日的に「構造」という訳語に言い換えている．

4）prospector と reactor については，1983年の邦訳書では「探索型」と「受身型」と訳されているが，その他，前者には「先取型」や「攻撃型」，後者には「受動型」という訳語が当てられることもある．奥村昭博『経営戦略』日本経済新聞社，1989年，p. 125または石井淳蔵・奥村昭博・加護野忠男・野中郁次郎『新版　経営戦略』有斐閣，1996年，p. 157参照．ただし，本章では邦訳書に準じ，「探索型」と「受身型」と表記する．

5）マイルズ＝スノーの原著（1978）は，正確には3部から成り立ち，パート1は，本章のこれまでの議論に加え，その他，諸類型の実際の組織診断への適応，人間関係論や人的資源論などの経営理論の展開と戦略・構造の発展との関連性，新たに出現しつつある戦略と構造のパターンなどに関する考察がある．また，邦訳書（1983）では削除されているが，パート2は，自らの枠組みを産業分析に応用し実証的な研究を展開している．さらに，パート3は，先行理論であるコンティンジェンシー理論との関連を検討している．なお，本章のこの後の記述は，主にパート1のその他の議論に基づいている．

6）加護野（1988）は，マイルズー＝スノーの行動パターンの議論が組織慣性の存在を示唆していると述べている．加護野忠男『組織認識論』千倉書房，1988年，p. 24.

7）これらの考察に関しては，ハナン＝フリーマン（Hannan, M. T. and J. Freeman, 1984）の構造慣性（structural inertia）の議論を参考にしている．詳しくは，Hannan, M. T. and J. Freeman, "Structural Inertia and Organizational Change", *American sociological Review*, Vol. 49, No. 2, 1984, pp. 149-164参照．

参考文献

Argyris, C., "Double Loop Learning in Organization", *Harvard Business Review*, Vol. 55, September-October, 1977, pp. 115-125.

Burgelman, R. A. and L. R. Sayles, *Inside Corporate Innovation: Strategy, Structure, and Managerial Skills*, The Free Press, 1986.（小林肇・海老沢栄一・小山和伸訳『企業内イノベーション』ソーテック社，1987年）

Burgelman, R. A., "A Model of the Interaction of Strategic Behavior, Corporate Context, and the Concept of Strategy", *Academy of Management Review*, Vol. 8, No. 1, 1983.

Chandler, Jr., A. D., *Strategy and Structure*, MIT Press, 1962.（三菱経済研究所訳『経営戦略と組織』実業之日本社，1967年）

Child, J., "Organizational Structure, Environment and Performance: The Role of Strategic Choice", *Sociology*, Vol. 6, 1972, pp. 2-22.

Galbraith, J. R. and D. A. Nathanson, *Strategy Implementation*, West Publishing Co., 1978.（岸田民樹訳『経営戦略と組織デザイン』白桃書房，1989年）

Hamel, G. and C. K. Prahalad, *Competing for the Future*, Harvard Business School Press, 1994.（一條和生訳『コア・コンピタンス経営』日本経済新聞社，1995年）

Hannan, M. T. and J. Freeman, "Structural Inertia and Organizational Change", *American sociological Review*, Vol. 49, No. 2, 1984, pp. 149-164.

March, J. G. and H. A. Simon, *Organizations*, Wiley, 1958.（土屋守章訳『オーガニゼーションズ』ダイヤモンド社，1977年）

Miles, R. E. and C. C. Snow, *Organizational Strategy, Structure, and Process*, McGraw-Hill, 1978.（土屋守章・内野崇・中野工訳『戦略型経営』ダイヤモンド社，1983年）

Miles, R. H., *Coffin Nails and Corporate Strategies*, Prentice-Hall, 1982.

Mintzberg, H., Patterns in Strategy Formation, *Management Science*, Vol. 24, No. 9, 1978.

Weick, K. E., *The social psychology of organizing*, Addison-Wesley, 1969.（金児暁嗣訳『組織化の心理学』誠信書房，1980年）

石井淳蔵・奥村昭博・加護野忠男・野中郁次郎『新版　経営戦略』有斐閣，1996年

大滝精一・金井一頼・山田英夫・岩田智『新版　経営戦略』有斐閣アルマ，2006年

奥村昭博『経営戦略』日本経済新聞社，1989年

加護野忠男『組織認識論』千倉書房，1988年

藤本隆宏『日本のもの造り哲学』日本経済新聞社，2004年

[第3部]

戦略論の多様化

第13章
戦略の非合理性と創発性
▶ミンツバーグ

第1節 背景と問題意識

　戦略とは，企業が自社の取り巻く経営環境を分析し，中長期的に営む活動に関する計画のことである．企業は当初の計画通りに目的を達成する時もあれば，時折予定が頓挫し計画が思うように実現しない状況もあるだろう．いやむしろ，人も企業も後者に帰結する場合の方が多いことは，経験的に想像に難くないところである．ミンツバーグ（Mintzberg, H.）は，正統派とされてきた経営戦略論に横たわる予見性や合理性といったパラダイムにアンチテーゼを唱え，経営戦略が時に非合理的で時に事後的な判定概念でしかないことを体系的に論じた研究者である．つまり，企業は環境分析を通じて予見的に計画を立て，その計画通りに合理的な行動が実行されるとする従来の戦略概念を強く批判したのである．

(1) 経営学における合理性信仰と戦略論への影響

　経営学はその長い歴史において，成功している組織の法則性を発見しようとしてきた学問である．法則性の発見とはすなわち，簡単にいえば1 + 1 = 2という等式のような明確な正解を経営学においても探求することに他ならない．そのために，経営活動に強く影響を及ぼす変数を見つけ出し，どのような場合にはいかなる企業行動をとれば成功に至るかという因果関係を導けば良いこと

になる.経営戦略論は,経営学の中でもとりわけこうした志向に馴染みやすい理論体系である.なぜなら,本章以前で触れられてきたように,伝統的に経営戦略は経営計画として論じられる傾向が強く,そのプロセスに着目した時,計画策定とは意思決定に他ならないからである[1]（Mintzberg, 1994）.

意思決定を科学した著名な研究者はいうまでもなくサイモン（Simon, H. A.）だが,彼は制約された状況の中ではあるけれども,合理的に振る舞う人間観を提示した.そして,サイモンは一人の人間の合理性の限界を克服するために複数の人びとが集う組織の必要性を説き,組織での意思決定過程のプログラム化を究明しようとした.サイモンに限らず,テイラー（Taylor, F. W.）から始まりコンティンジェンシー理論（contingency theory）に至るまでの経営学は,先述したような経営現象に関する絶対的な普遍解の探求に邁進してきた.もちろん,コンティンジェンシー理論は唯一最善の解（one best way）からより優れた解（better way）へと,経営学の目的を大きく転換させるエポックメイキングだった.しかし,解の妥当性を相対化したとしても,当該企業が現在置かれている環境を分析し将来を予見することで,その企業が採用すべき管理スタイルを定式化しようと試みるスタンスに変わりない[2].それゆえ,コンティンジェンシー理論もまた,モデル・ビルディングを通じて企業行動を合理化しようとする志向性は踏襲されている.

このようにオーソドックスな経営学では,組織を司るマネジャーたちが日々の難問に直面した際,彼・彼女らに合理的な意思決定を行わせるための明確な論理を提供しようと研究者たちは躍起になってきたのである.そして,意思決定とたぶんに関連性の深い経営戦略論も,合理性を求める研究視座が強くあった.

(2) 神話の崩壊と戦略の事後合理性

しかし一方で,経営学の過度な合理性追求に対する批判が向けられるようになる.たとえば先のコンティンジェンシー理論に関する批判としては,経営環

境に適した管理スタイルへ変更した時，従業員が新しい業務のやり方に馴染めず従来の行動を踏襲してしまう問題や，そもそも経営環境を客観的に認識することの限界など[3]，主に組織内部の意図せざる問題を度外視している点が指摘されるようになる（加護野，1988）．つまり，経営活動の合理性を模索してきた経営学だけれども，経営活動においては合理性では説明できない現象が散見される．だからこそ，その非合理的な組織現象を従来の合理性パラダイムをもって究明すること自体に，現象とアプローチの齟齬があるという批判が生起したのである．そこで，経営学における合理性信仰を疑問視する経営学者たちは，従来から当然視されてきた人間観や組織観の前提自体をもう一度再考する余地があると主張するようになった．そのため，組織現象をインタビューや参与観察のような定性的な研究方法を用いて，それらに対する新たな意味や解釈を導こうと試みるのである．こうした一連の研究アプローチや理論体系の胎動を，ポストモダン経営学とよぶ（Hatch, 1997；遠田，2002）．

　経営戦略論に話を戻そう．経営戦略は企業が将来進むべき方向性であり，仮に戦略形成＝計画策定だとするのならば，この時予測の精度がどのように担保されるかを議論しなければならないとミンツバーグは主張する．計画は，少なくとも過去および現在のデータに基づいて策定される．よって，未来が過去と現在の延長線として描くことができる安定した経営環境なら，予測の精度は担保されることになる．しかしながら，過去と現在のデータに基づく計画が環境適合性を失わないほど安定した経営環境など，むしろ希であることの方が多いだろう．戦略とは新たな活動を創造する活動であって，従来の慣習にしがみつく正当化の手段ではない．経営戦略をこのように過去と現在のデータから策定される計画として狭義に捉えると，戦略という概念そのものが本来もつべき創造性と自己矛盾を来すことになるとミンツバーグは痛烈に批判するのである．

　ミンツバーグは，戦略の予見性がいかに陳腐であるかを説明するために，パスカル（Pascale, R. T.）とボストン・コンサルティング・グループ（以下，BCG）の両者よるホンダ米国進出の成功要因に対する解釈の相違を好んで引用する

第13章　戦略の非合理性と創発性　➤ミンツバーグ　133

(Mintzberg, 1989; Mintzberg et al., 1998). その概要を簡潔に示すと次の通りだ.

　1950年代まで米国の輸入オートバイ市場を席巻していた英国メーカーが, 後発参入してきた日本のホンダにたった7年間で市場を奪取されてしまった. この事態を由々しく思った英国政府は, BCGにホンダの成功要因を調査させると, 同社から50ccというニッチな市場に進出し, 加えて本国での累積生産量から経験曲線効果が現れ, 低価格で販売したことにあるという報告書が提出された. つまり, ポーター (Porter, M. E.) 流にいうと, ホンダは環境を分析した結果, 予見的にニッチ戦略とコスト・リーダーシップ戦略に打って出て成功した, という解釈がBCGの結論ということになる. この解釈に疑念を抱いたパスカルは, 当時の米国進出に関わったホンダのスタッフたちにヒアリングをした結果, 彼らの言葉からは「当初販売戦略として掲げていた250ccや350ccのバイクで惨敗し, ダメもとで50ccを売ってみたら予想外に売れてしまった」という思わぬ返答が返ってきたという[4]. 両者の解釈の違いを踏まえてミンツバーグは, ホンダの成功が環境から未来を予測して立案された戦略の妥当性にあったのではなく, 当初意図していた戦略で転んでもただでは起きず, そこから学習しようとするホンダ従業員のホンダスピリッツないし企業文化にあると結論づけている.

　ミンツバーグは戦略の非合理性ないし事後合理性を体系的に論じた研究者の一人だが, 上記のホンダの事例からも明らかなように, 日本企業にとってこの考え方は何ら違和感なく受け入れられる. 業務の流れや指示命令が主にトップダウンで行われる米国と比べ, 日本企業では現場の従業員が提案した製品アイディアが事業戦略に転化されたり, 生産効率の改善が全社的に行われるなど, ボトムアップ的なマネジメントスタイルを採るからである. 日本企業のこのような組織ダイナミズムを説明するために, ミンツバーグだけでなく日本の経営学者もかなり早い時期から「進化論的戦略」という構成概念を示して, 戦略の非合理性を説明する理論的枠組みを提唱している (野中, 1983).

(3) 組織論と戦略論の境界を越えて

既述したように，ミンツバーグの理論的な貢献は，第1に経営戦略論に非合理的性を持ち込んだことがあげられる．こうした視点の導入は，成功した戦略の結果そのものというよりも，結果に至るプロセスに着目した戦略論の展開に他ならない．プロセス志向の戦略論は，組織がどのような要素によって突き動かされているかを解明する組織論との融合が求められる．なぜなら，どれほど優れた戦略を立案したとしても，従業員の気持ちや行動が伴わないと戦略は実現しないからである．戦略の立案と戦略の成就とは不可分な関係であるということだ．したがって，それまで個別に論じられることの多かった戦略論と組織論の境界を取り除こうと企図したところに，第2の理論的な貢献がある．

ミンツバーグをこうした視点に誘ったものは，彼の研究軌跡に垣間みられる．ここで彼の膨大な研究業績を詳述することはできないが，概観すると次のような流れがある．すなわち，参与観察によりマネジャーの日常行動を明らかにすることから彼の研究人生はスタートし (Mintzberg, 1973)，組織内外の権力や政治力の問題に目を向け (Mintzberg, 1983)，そうした諸力によって組織がいくつかのコンフィギュレーション (configuration) に落ち着くことをミンツバーグは主張する (Mintzberg, 1989)．これら一連の研究で彼が貫いているポリシーは，何をなすべきかを問う価値規範的な経営学ではなく，現場で実際に何が行われているかを問う現象記述的な経営学を基としている．この研究スタンスは，彼が当時支配的であった合理性追求の経営学を反駁するエビデンスの模索に他ならない．そして，同研究スタンスを貫徹してきた集大成として，経営学という学問分野にあって最も合理性信仰の強かった戦略論の非合理的な側面を，戦略形成のプロセスや行為主体に言及しながら膨大な文献レビューによって論証し (Mintzberg, 1994)，さらに従来組織論の分野で主に語られることの多かった研究群を戦略という眼鏡で眺めながら，10学派[5]に分類する (Mintzberg, et al., 1998)．各々の研究貢献や限界を包括的に理解することで，「群盲象を撫でる」がごとく乱立した戦略論の体系を，戦略マネジメント (strategic management）という視点から鳥瞰し，組織論と戦略論の垣根を取り払う研究へと結実するのである．

　経営戦略と経営組織とは本来不可分な関係である．組織を取り巻く人，物，金や情報といったいわゆる経営資源の状況を鑑みて戦略を捉えるべきだからである．いわれてみれば当たり前な事実にもかかわらず，研究者たちが個々に狭く深く戦略論を探求した結果，上述した群盲象を撫でる状況に陥ってしまっていた．木を見て森を見ない戦略論に，木と森の両方に対する複眼的視点ないし全体最適化の思考を戦略論に与えたミンツバーグの研究貢献は偉大であるといえる．

第2節　理論的フレームワーク
―コンフィギュレーションとトランスフォーメーション―

　ミンツバーグは，既述してきたように戦略を計画以上の広範な概念として位置づけている．広義であるとは，計画（plan）の他に，傾向（pattern），位置（position），展望（perspective），そして策略（ploy）を加え，頭文字のpをとって戦略を定義するにあたっての5つのPと称している（Mintzberg, et al., 1998）．そこで，5つのPが意味する内容や戦略形成過程，あるいは戦略形成におけるマネジャーの役割など，ミンツバーグが展開する理論の骨組みについて概観していくことしよう．

(1) 戦略形成過程と戦略のもつ意味

　ミンツバーグはまず，戦略が内包している意味には，組織が将来のために計画を作成することと，過去からパターンを導くことの両義性が含まれていると主張する．前者は「意図された戦略（intended strategy）」，後者は「実現された戦略（realized strategy）」とそれぞれよばれる．このことは，戦略を立案する戦略家を工芸家というメタファーに置き換えても説明されている（Mintzberg,

1987).すなわち,工芸家が考えながら指先を動かして作品を生み出すように,戦略家(組織)もまた戦略(作品)は試行錯誤(思考)しながら実現(行為)されていくものであると.まさに,戦略は思考と行為が表裏一体として工芸される(crafting)のときわめて類似しているとミンツバーグは言う.そして,**図表13—1**に示されているように,当初意図された戦略が完全に成就した場合を「計画的戦略(deliberate strategy)」,まったく実現されなかった戦略を「非実現戦略(unrealized strategy)」,さらにこれら両戦略に認識されない戦略を「創発的戦略(emergent strategy)」として,戦略を3タイプに識別する(Mintzberg, 1987; 1994).

　組織の意図した戦略とは,経営者や戦略スタッフのような一部の人間が将来へ指針を与えることである.戦略のこうした側面は,いうまでもなく5Pの「計画(plan)」に該当する.また,当初意図した戦略は外部環境の変化や長年培ってきた当該企業のノウハウによって徐々に修正されて成就する.たいがい

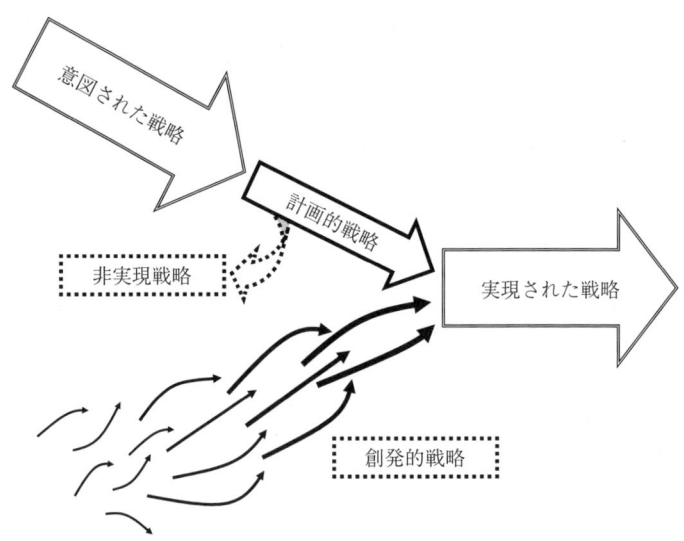

図表13—1　2つの戦略形成プロセス

出所)Mintzberg, H.(1994, p. 24)邦訳(1997, p. 76)

の戦略は5Pの「傾向（pattern）」が示すように，組織全体の経時的な行為や思考のパターンによって実現されていく．一方で，組織が意図しない戦略，つまり経営者や一部の戦略立案者が策定して組織全体に共有していた計画とは異なる戦略も存在する．現場の製品ないしサービスのアイディアが正式な一事業となり，さらには全社的な中核的事業へと成長していく創発的戦略である．この時，組織は勝手に創発的戦略が成就するのを待つわけではない．経営資源の重複を回避し，事業間のシナジーを考慮して，創発的戦略を制御する責務を組織は担っている．制御機能には，事業ドメインを予め明示化することや，当該企業のミッションやビジョンあるいは理念などの未来へ向けて進むべき方向性を示す抽象的価値観の浸透があげられる．ここに第3のP「展望（perspective）」が含意されている．なお，ミンツバーグは行動の規範や規則などのガイドラインだけを示し，現場にアイディアの裁量権を与える戦略を，「雨傘戦略（umbrella strategy）」とよんでいる．

ところで，「計画」，「傾向」そして「展望」という3Pは，組織内部の思考と行為との連関を示す戦略定義である．これに対して未来を予測するためには，組織外部の環境に目を向けて戦略を定義しなければならない．他社に対して競争優位を確立するために，自社にどのような付加価値を与えれば良いか，そもそも競合しないためにいかなる棲み分けをすることが望ましいのか思案することである．企業が計画を策定するには，自ずと「位置（position）」というPが関わってくる．さらに，立つ「位置」を決めた後に，その「位置」に辿り着くためには，当該企業の自助努力にのみ固執するのではなく，他社や行政などの周囲に働きかけて，自社に有利な立ち「位置」を確保する画策が不可欠なのである．これが最後のP「策略（ploy）」である．

(2) 戦略とコンフィギュレーション

ミンツバーグは戦略の策定方法に言及するよりも，戦略形成の過程についてこだわる．その理由は再三述べてきたように，戦略の予見性や合理性に疑問を

図表13—2　コンフィギュレーションのタイプと特徴

コンフィギュレーションのタイプ	主要な調整メカニズム	最も影響力を有する集団(部分)	集権と分権のタイプ
企業家的組織	直接監督	戦略上のトップ	垂直的・水平的集権化
機械的組織	業務手続きの標準化	(標準化のための)専門家集団	限定された水平的分権化
専門的組織	技能の標準化	現場で核となる従業員	水平的分権化
多角的組織	アウトプットの標準化	中間管理職(ラインマネジャー)	限定された垂直的分権化
革新的組織	相互の調整	スタッフ部門	選別された分権化
伝道的組織	規範の標準化	イデオロギー	高度な分権化
政治的組織	存在しない	存在しない	変動的

出所) Mintzberg, H. (1989, p. 110) 邦訳 (1991, p. 173)

呈するだけでなく，過程に着目することで組織現象をよりダイナミックに捉えたいがためである．そして，組織ダイナミズムを説明する上で，ミンツバーグが提唱する重要な鍵概念にコンフィギュレーションがある．コンフィギュレーションとは，組織図のような表面的で静的な組織の構造ではなく，個々の従業員や集団とそれらを調整するメカニズム，歴史や技術システムなどの環境，あるいは政治権力といったようなさまざまな変数が相互に影響した結果，組織が有する状態ないし属性のことである（Mintzberg, 1989）．組織の構造について，それらに帰着するプロセスに影響を及ぼす諸力に着目することで，ダイナミックに組織を分析するための構成概念が，コンフィギュレーションなのである．

コンフィギュレーションは，図表13—2に示されているような7タイプに分類される．コンフィギュレーションは，組織が成長発展していく過程において，調整や統制のメカニズム，影響力を強く発揮する集団，権限関係などの変数が変転し，ある一定期間組織に上記の変数の一貫性が保持される安定した状態を指す．

たとえば，組織が創業して間もない誕生期には，組織の規模は小さく企業家による直接的な統制が効き，徹底した集権化によって組織が運営される特徴をもつ企業家的組織というコンフィギュレーションに落ち着く．次の成長期の段

階に入ると，官僚的組織運営で業務の効率化を推し進める力が組織内で強くなる．それゆえ，仕事の標準化に専門的な知識を有する集団が幅を利かせるような機械的組織なるコンフィギュレーションへと移行したりする．

このようにコンフィギュレーションとは，組織が成長発展していく過程のある一定期間，組織を構成する諸要素が一時的に均衡した状態になることを意味している．一方ミンツバーグらは，この対極概念としてトランスフォーメーション（transformation：変容）という概念をもち出す．そして，戦略策定とは，あるコンフィギュレーションから別のコンフィギュレーションへと状態変化するプロセスだと主張する（Mintzberg et al., 1998）．つまり，戦略策定のプロセスは新たな方向性を生み出すことなので，トランスフォーメーションそのものであり，その結果確立された戦略は以降の方向性を安定させるものなので，コンフィギュレーションを維持する機能を果たす．換言すれば，戦略はコンフィギュレーションの源泉でもあり，トランスフォーメーションの源泉でもあるわけだ．

(3) 戦略策定と計画担当者の役割

ミンツバーグは，既述してきたように戦略を組織変革との関わりから論じ，戦略の策定方法ではなく戦略の策定過程に言及する研究者であった．それゆえに，戦略が策定される過程において計画担当者（planners）が担う役割も，戦略策定に直接的というよりはむしろ，間接的に関与すべきことを強調する．図表13—3は，計画担当者，計画書（plans），そして計画策定（planning）の関係を示したものである．

計画担当者の主な役割として，図表13—3にも示されているように，①戦略を発見し（戦略の発見者：finder），②戦略策定に必要な情報を分析し（戦略の分析者：analyst），③戦略を生み出す触媒になる（戦略の触媒者：catalyst）ことが求められている．ここで計画担当者は戦略家（strategists）として機能する場合もあれば，そうでない場合もある．しかしながら，ラインマネジャー等によ

図表13—3　計画作成，計画書，計画担当者の枠組み

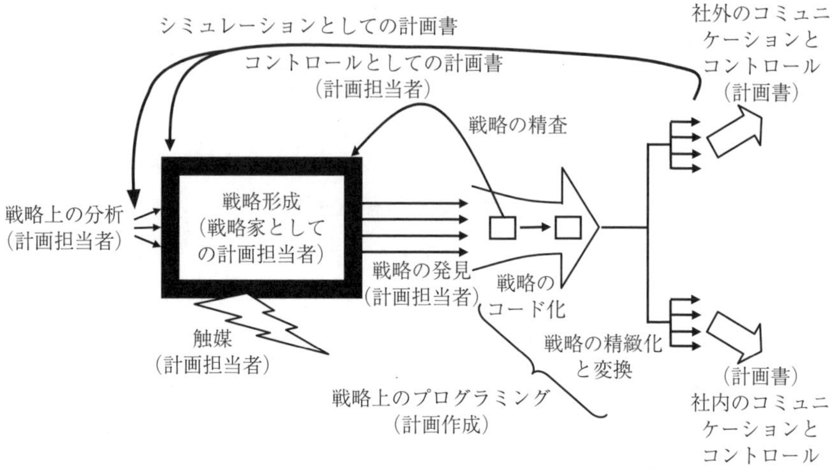
シミュレーションとしての計画書
コントロールとしての計画書
（計画担当者）
社外のコミュニケーションとコントロール
（計画書）
戦略の精査
戦略上の分析
（計画担当者）
戦略形成
（戦略家としての計画担当者）
戦略の発見
（計画担当者）
戦略のコード化
触媒
（計画担当者）
戦略の精緻化と変換
戦略上のプログラミング
（計画作成）
（計画書）
社内のコミュニケーションとコントロール

出典）Mintzberg, H.（1994, p. 392）邦訳（1997, p. 436）

って現場から戦略が創発すること（創発的戦略）を重視するため，計画担当者の主務はそうした戦略が生まれるファシリテーターに徹するべきだと主張されている[6)]．戦略ファシリティテーターとして計画担当者が留意すべき要件について簡単に触れておこう．

まず，戦略の発見者として重責を担う計画担当者は，計画的戦略であれ創発的戦略であれ，当該組織の価値観と照らし合わせながら，組織に散見されるメンバーの行動パターンを認識して解釈しなければならない．組織の行動パターンを探知する必要性は，あるグループが意図せざる結果として導出した戦略を，意味づけしたり正当化したりするためにある．つまり，戦略のスクリーニングとコントロールの手段として不可欠となる．

次に計画担当者は，戦略の分析者として組織活動全体に関わるマクロな情報，たとえば消費者の動向や市場の規模，その中での自社の位置づけなどのデータを客観的に分析する．そして，それらの情報をラインマネジャーに提供することが求められている．ラインマネジャーは日々の業務に追われるがゆえ

に,上記のようなマクロなデータを分析する時間的ゆとりもなければ,分析しようとするマインドも失われがちである.目前の事象に近視眼的になりがちなマネジャーに対して,計画担当者は組織全体を見渡す視点を提供することが,全社的な戦略へと成就するきっかけになる.さらに,計画担当者による分析は連続的に行われるよりも,非連続的でアドホックに行われるべきだとミンツバーグは主張する.なぜなら,連続性をもって分析が行われると実は過去のデータや因習に計画担当者が捕らわれ,結果として新しい戦略を創造的に思考する妨げになりかねないからである.戦略策定の連続性と革新性のパラドクスである.

最後の触媒者として肝要なことは,戦略上のプログラミング(strategic programming)と戦略上の思考(strategic thinking)を通じて,戦略策定の関与者に戦略成就のための行動を促すことにある.戦略上のプログラミングとは,ビジョンのような大枠としての戦略がすでに存在している時,その戦略に訴求する形で計画策定が行われ,戦略成就のための行動が公に権威づけされ促進されるプロセスを指す[7].つまり触媒者として機能すべき計画担当者によって,戦略成就のための行動を促進するために,たとえば慣例から逸脱した行動を公式的に権威づける手続きが開発されることになる.

このようにミンツバーグの戦略論は,トップや一部の経営スタッフによる環境分析や戦略策定の方法論を提供するのでなく,組織の末端から戦略が創発するためのインフラ整備の方法について言及しているのである.

第3節 現代的意義

(1) 組織現象の可視化および思考と行為の一体化

ミンツバーグの研究は一貫して,第1節で述べられたように組織現象に対して仮説演繹的に「どうあるべきか」を探求するのではなく,観察帰納的に「どうなっているか」に注意が向けられている.とりわけ,コンフィギュレーショ

ンや創発的戦略などの概念を提示することで，組織変革という定量的研究では捨象されやすい組織現象の機微に迫ろうとするものである．そのため，既存の前提を今一度問いただすポストモダン的な経営学を志向する研究だった．だからこそ，まずは実態を詳細に把握するために，参与観察やインタビューあるいは事例分析などのコンテンツに散りばめられた記述の中から，意味解釈を与える研究アプローチにこだわる．そして，戦略が成就する過程やその過程を経て組織が変容する様を可視化しようとする意図が，ミンツバーグの研究にはある．このように不可視な組織現象を可視化することにこそ，彼の経営実践に対する貢献があるといえる．可視化することで，経営実践家には反省的ないし内省的態度が生まれるからである（沼上，2000）．

また，上記のような研究視座は，現場の実態を直視せずに，現場や環境から収集されたデータに依存する組織内の一部の分析家が経営という営みを支配するのではなく，現場にこそ経営の本質が絶えず横たわっているというメッセージを示唆している．MBA教育を痛烈に批判し[8]，現場に張りついて采配を振るうマネジャーにこそ，組織を動かす行為主体としての存在意義を認めるミンツバーグのイデオロギーがそこには根づいている（Mintzberg, 2004）．経営なるきわめて泥臭い行為に評論家は不要だと喝破する彼の研究に，経営実践家が鼓舞されるのはいうまでもない[9]．

(2) 政策提言性の限界と計画的戦略の再考

本章で概説されてきたように，ミンツバーグは戦略のプロセスに主たる研究関心がある．とりわけ創発的戦略が導かれるための組織の条件について詳細に論究している．その一方で，環境から将来を予測して計画を策定する愚かさを執拗なまでに主張する．しかし，経営実践家にとっては，こうしたミンツバーグの主張を受けて，「では，自分たちは一体何をどのように実行に移したら良いのだろうか」と，途方に暮れてしまう印象を与えかねない．組織のトップなら，なるほど，創発的戦略が実現されるために組織をいかにしてデザインすべ

第13章　戦略の非合理性と創発性　▶ミンツバーグ　143

きかという指針にはなるが，組織の末端から実際に創発的戦略を実現させようと意図しているロワーやミドルクラスのマネジャーにとって，ミンツバーグの主張にはいかなる示唆があるのだろうか．ミドルやロワーにとって，自分たちのアイディアを戦略へと結びつける具体的な方法論の提示こそが有益なアドバイスになるはずだ．組織内のポジションが低いマネジャーたちは，自己のアイディアや意向を組織に吸い上げてもらうために，それらを正当化する術をもつ必要に迫られている．つまり，戦略には経営実践家自らを正当化する術が内包されていなければならないのである．この点について，先述したホンダ米国進出の成功要因に関するBCG解釈へのミンツバーグ批判に応じて，BCGレポートの擁護者であるグールド（Goold, M.）から受けた反論をミンツバーグ自らが引用して紹介している内容に，興味深い主張が散りばめられている．そのまま引用してみよう．

　「（報告書に）求められた観点は，経営的（"われわれは今何をすべきか"）であり，歴史的（"このような状態がどうして起きたか"）なものではなかった．そして，戦略マネジメントに関与している大半の経営陣の主たる関心事は，常に"われわれは今何をすべきか"であろう．…中略…"もちろんわれわれは経験から学ぶべきだ"とマネジャーは言うかもしれない．しかし一方で，"実りがなく役に立つかも分からないものを際限なく試す時間もなければ金もない"とも言うだろう（Mintzberg et al. p. 204.（邦訳 p. 214））」．

　ミンツバーグは創発的戦略という戦略の形成過程の重要性を強調する一方で，「では，自分たちの戦略案件をどのような方法でトップに説得すれば良いのか？」というマネジャーたちからの問いに対しては，必ずしも具体的な方法をもって答えてはいないのである．

注
1）ミンツバーグは，さまざまな研究者の計画策定（planning）に関する定義を網羅的にレビューし，最終的に計画策定を，意思決定を統合化したシステムの形をもって明確な結果を生み出す公式の手順であると結論づけている（Mintzberg,

1994, p. 12. (邦訳 p. 61)). さらに, この公式化は, ① 合理性 (rationality), ② 分解性 (decomposition), そして③ 明瞭性 (articulation) という3つからなると主張している. 計画策定をこのように狭義に捉えるミンツバーグの意図は, 逆説的に従来の経営戦略論がいかに矮小化されて論究されてきたかを批判するためである. 詳細は, 同上書, pp. 7-15 (邦訳, p. 54-64) を参照されたい.

2) コンティンジェンシー理論では, 技術革新が頻繁に起こり競合他社も多くひしめき合っているような, 不確実な経営環境に晒されている企業は, 権限を現場に委譲した管理スタイルを採用し, その反対に生産技術も製品も成熟した産業にある企業では中央集権的な管理スタイルを採用する方が, それぞれ企業成果の高い事実が発見された.

3) 管理スタイルを変更しても, 組織のメンバーが従来の行動パターンを引きずってしまう現象のことを, 組織慣性力とよぶ. また, 環境認識の問題は, 間接的に影響を及ぼす他社の存在 (たとえば, 携帯電話が多機能化することで, 代替機能を有する時計会社やデジカメ会社の売上に影響するような場合) からも明らかなように, 意図しない相互影響関係があり, 環境を客観的に認識すること自体が困難であることなどが指摘されている. この他にも, 企業成果の一面的な把握について, 売上高やマーケットシェアが高くなってもたとえば離職率の高い企業は, 返って採用や教育のためのコストがかかるなどの問題をあげながら, 内部マネジメントの問題をブラックボックス化しているという批判が向けられた.

4) 1959年の米国輸入オートバイ市場は, 英国メーカーがその49％を占めていたが, わずか7年後の66年には, ホンダ1社で63％ものシェアを獲得するに至っていた. この由々しき事態を重く受け止めた英国政府はBCGに英国オートバイメーカーの敗因について調査依頼すると, 新しいマーケットセグメントを開発し, かつ自国での累積生産量が経験曲線効果 (この効果については第10章で詳細に説明されているので参照されたい) を生み, 結果としてコストに訴えたシェア獲得という明確な戦略に裏づけられたものだとの報告書がまとめられた. しかし, 実際のホンダの面々は, それほど米国進出に際して, 合理的で予見的な戦略をもって乗り込んできたわけではない証言がパスカルの調査から表出する. 当時の米国のオートバイ文化としては, ハーレーがその好例であるように, 大排気量の豪華絢爛な乗り物というイメージが強く, 町乗り用としてバイクにまたがる雰囲気はなかった. したがって, 50ccのバイクなど自分たちが移動手段で使うことはあっても, それを販売しようなどという気持ちは米国進出した当初は皆無だったという. 米国の道路事情やライダーの走行特性が日本のそれと著しく異なったため, 250ccや350ccの故障車が続発し, 50ccバイクはやむなく販売されたに過ぎないのである. 詳細については, Mintzberg (1989), pp. 358-361 (邦訳 p. 562-567) または Mintzberg et al. (1998), pp. 201-208 (邦訳 p. 210-218) を参照されたい.

5）10の学派とは，①デザイン学派（コンセプト構想），②プランニング学派（形式の策定），③ポジショニング学派（環境分析），④アントレプレナー学派（ビジョン創造），⑤コグニティブ学派（認知過程），⑥ラーニング学派（創発的学習），⑦パワー学派（交渉力），⑧カルチャー学派（集合的行動），⑨エンバイロメント学派（環境への反応），⑩コンフィギュレーション学派（変革過程）である（括弧内は主たる着眼点）．そして，いうまでもなくミンツバーグらは，自らをコンフィギュレーション学派に位置づける．詳細は，Mintzberg et al. (1998)を参照されたい．

6）ミンツバーグは，図表13—3にも示されているように，戦略を決定する人（たとえばトップ・マネジメントやラインマネジャーら）と計画担当者とが実際には異なる事実を述べ，それゆえ戦略形成はブラックボックス化されており，そこに投げ込まれる主な変数に，計画書および，計画担当者をあげている．そして，ファリシリテーターとしての計画担当者を強調する．詳細は，Mintzberg (1994), pp. 361-393（邦訳, pp. 390-437）を参照されたい．

7）プログラミングに際しては，①戦略のコード化（戦略の説明と明確化），②サブ戦略やさまざまなアクションプランの精緻化，③それらへの予算配分と目標への変換という3つのステップが指摘されている．詳細は，Mintzberg (1994), pp. 336-341（邦訳, pp. 357-365）を参照されたい．

8）MBA（Master of Business Administration：経営学修士）に対する批判は，古くは80年代の米国に遡ることができる．当時の米国企業では，MBAコースで学んだ幹部候補生が経営の中枢を担っていた．そして，彼・彼女らは経営を合理ならしめるため，とにかく環境の分析とその評価にあけくれるのだが，結果は周知の通り日本企業の攻勢に惨敗していく時代だった．当時の米国企業は分析麻痺症候群と揶揄されたのである（野中，1983）．

9）もちろん，ミンツバーグは，経営理論が不要になると言っているのではない．むしろケースメソッドのような表面的な知識の習得を企図したMBA教育ではなく，現象に対する深い洞察力を養うアカデミックな理論をきっちり学ぶ学者養成型の大学院教育を推奨する（一般にMBAの教育目的は現実の問題解決を重視し，専門職業人を養成することからプロフェッショナルスクールとよばれるのに対して，理論研究を中心とした研究者養成を目的とした従来型の大学院教育はアカデミックスクールとよばれる）．ここで問題とされるのは，習得した理屈（理論）を実践できない（行為に移せない）ことを批判している．

参考文献

Hatch, M. J., *Organization Theory: Modern, Symbolic, and Postmodern Perspectives*, Oxford University Press, 1997.

Mintzberg, H., *The Nature of Managerial Work*, Harper Collins Publishers, 1973. （奥村哲史・須貝栄訳『マネジャーの仕事』白桃書房，1993年）

Mintzberg, H., *Power in and around organizations*, Prentice-Hall, 1983.

Mintzberg, H., "Crafting Strategy", *Harvard Business Review*, July-August, 1987, pp. 66-75.（梅津祐良訳「陶芸家の製作過程に通ずる企業戦略の策定―秩序ある計画化から工芸的に練りあげる戦略へ」『DIAMONDハーバード・ビジネス・レビュー』ダイヤモンド社，1987年，October-November, pp. 4-17）

Mintzberg, H., *Mintzberg on Management: Inside our strange world of organization*, Macmillan Publishing, 1989.（北野利信訳『人間感覚のマネジメント―行き過ぎた合理主義への抗議―』ダイヤモンド社，1991年）

Mintzberg, H., *The Rise and Fall Strategy*, Prentice Hall, 1994.（中村元一監訳『戦略計画 創造的破壊の時代』産能大学出版部，1997年）

Mintzberg, H., Ahlstrand, B., & J. Lampel, *Strategic Safari*, The Free Press, 1998.（齋藤嘉則監訳『戦略サファリ』東洋経済新報社，1999年）

Mintzberg, H., *Managers not MBAs: a hard look at the soft practice of managing and management development*, Berrett-Koehler, 2004.（池村千秋訳『MBAが会社を滅ぼす』日経BP，2006年）

遠田雄志『ポストモダン経営学』文眞堂，2002年

加護野忠男『組織認識論』千倉書房，1988年

沼上幹『行為の経営学』白桃書房，2000年

野中郁次郎「進化論的戦略の構想」『ビジネスレビュー』Vol. 31，千倉書房，1983年，pp. 33-49.

第14章
組織も戦略も制度的環境に従う
▶マイヤー＝ローワン, ディマジオ＝パウエル

第1節　背景と問題意識

　アメリカの社会学者ベル（Bell, D.）は，1970年代のその世の中を「脱産業社会（post-industrial society）」とよんだ．それまでの工業中心の産業社会からサービス業が急速に台頭し，またあらゆる産業で「知識」の生産ないし流通が鍵とされる社会へと変貌していった，新たな社会への動きを彼はそうよんだのである．

　この脱産業社会化という社会の劇的変化のただ中で，社会をサバイバルする企業組織たちの様相は，実践家たちはもちろんのこと，研究者たちにとっても大いに関心あるものであり，それらはさまざまな角度から研究されることになる．いわゆるセオリージャングルとよばれる経営研究・理論の乱立期もちょうどこの頃のことである．そのような中，とりわけ注意を引くのは，同じ脱産業社会を見据えているにもかかわらず，その社会における組織の挙動についてまったく異なる捉え方をする2つの視点が存在したことである．ひとつは，すでに第5章と第7章で取り上げられているアンゾフ（Ansoff, H. I.）やチャンドラー（Chandler, Jr. A. D.）らの視点であり，もうひとつは，本章で取り上げる「新制度派（New Institutionalism）の組織論」とよばれる研究者たちの視点である．

　ここでいう新制度派とは，社会学や政治学の分野で萌芽した組織研究の1学派である．「新」とつくからには，「旧」があるわけで，新制度派は，制度派あ

るいは旧制度派（Old Institutionalism）とよばれる研究ののちに生まれた研究でもある．セルズニック（Selznick, P.）は，この旧制度派の著名な研究者の一人である．この新と旧で共通しているのは，組織と環境の関係に注視する点，そして一見すると非効率ひいては非合理的にみえるにもかかわらず存在する組織の挙動の合理性を関心の的としている点である．また，一方で異なる点は，さまざまであるが，簡略化して述べるならば，旧制度学派がひとつの組織とその周辺のローカルなコミュニティの間における利害や価値のコンフリクト，あるいは政治的影響力のやりとりなどを強調するのに対し，新制度派は，より広い「組織フィールド（organizational field）（詳細は後述するが，ここでは「業界」といった程度に捉えておけばよいだろう）」において各組織に共有される解釈スキーマやスクリプト（「特定の役割や情況によって呼び起こされる行動のパターンや連鎖」）[1]に注目し，とりわけ組織構造などの同型性（isomorphism）のメカニズムの解明に力点を置いている点である．ちなみに，新制度派というと経営学では，「新制度派経済学（New Institutional Economics）」のほうが有名であるが，内容は大きく異なる．新制度派の経済学は，制約されながらも合理的で機会主義的にふるまおうとする個人や組織の行動とそれにまつわる制度との関係，そしてその制度の主体的なデザイン（組織形態や組織間関係，ガバナンスなどのデザイン）に関する研究である．一方，本章で取り上げる社会学由来の新制度派は，詳細は後述に譲るとして，簡単に述べるならば，それは，客観的に見て目的に対して効率的ひいては合理的とは思えぬ組織の行動（とりわけ組織構造の同型性）と，それを導く（個人や組織をそうさせる）制度との影響関係，ならびにその制度の生成過程（制度化）に関する研究である．行為と制度の関係を明らかにするという意味では，どちらも同じにみえるが，一方は客観的に合理的な行為者観の上に展開される研究であり，もう一方は客観的に合理的な行為者観に懐疑的な目をもつ方法論の上に展開される研究であるという点で違いがみられる．

　さて，チャンドラーやアンゾフは，脱産業社会における企業組織のふるまいをつぶさに観察し，とりわけ組織構造のデザインと経営戦略の関係を「組織

第14章　組織も戦略も制度的環境に従う　▶マイヤー=ローワン,ディマジオ=パウエル　149

(構造)は戦略に従う」もの，あるいはそうあるべきものとした．つまり，ある環境に適した戦略に打って出るには，それに適した組織構造をもつことが企業目的に鑑みて効率的であり，それゆえ合理的だというのである．このように，乱気流の中を逞しく生きる企業組織のふるまいから企業戦略ならびに企業組織の効率性や合理性を見い出した彼らに対して，同じ脱産業社会（時代は多少前後するが）の中で，新制度派組織論者たちは，客観的にけっして効率的・合理的とはいえそうにないふるまい（とりわけ同型的な組織構造の採用において）をもって生き抜こうとする（生き抜いている）企業組織の合理性に注目し，チャンドラーやアンゾフらの視点とは異なる組織行動の合理性の視点を見い出そうとしたのである．

　脱産業化社会とよばれる時代の中で，同じ組織フィールドに属する諸組織がいずれも同じような組織構造を採用するのはなぜか？　そこには，チャンドラーやアンゾフが効率性をもって語り漏らした別の合理性があるのではないか？　これが新制度派の問題意識である．

　さて，本書が経営戦略論の学説研究書でありながら，組織構造の同型性を主題にしたこの新制度派組織論を取り上げるのには，若干の違和感を覚えるかもしれない．しかし，①現実の経営現象をみる上で，チャンドラーやアンゾフが示すような意味での「組織が戦略に従う」ことが必ずしも唯一合理的であるとはいえないことを知る必要があるという点，②組織構造が制度的環境に従うというのも広義な意味合いにおいてではあるが「戦略」の一環とみなしうる点，③彼らの環境観（環境を自らも含め社会的に構成されるものであるとし，またワイク（Weick, K. E.）のイナクトメント（enactment）を引き合いに出しながら，組織を環境に対して単にリアクトする存在ではなく，積極的にイナクトする創造の主体であると捉えるなど）が第12章のマイルズ=スノーらの議論につながる点，④本章第3節で検討するオリバー（Oliver, C.）やローレンス（Lawrence, T. B.）のようにその制度的環境を意識的に創ろうというより積極的な戦略の議論が生まれている点，⑤同型的な「戦略」（たとえば，古くは，飲料メーカー業界においてメーカー

図表14―1　組織構造と２つの環境

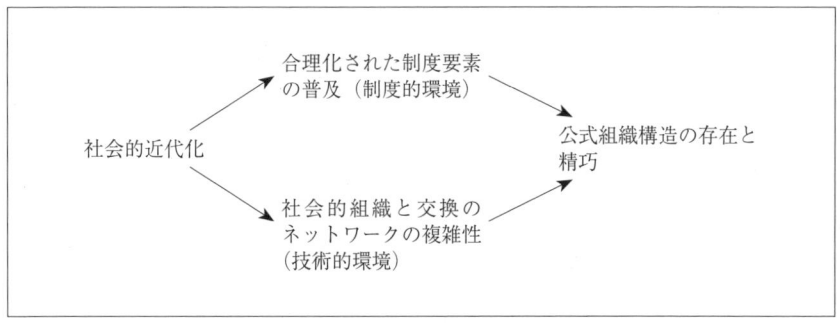

```
社会的近代化 ──→ 合理化された制度要素
                 の普及（制度的環境）     ──→ 公式組織構造の存在と
             ──→ 社会的組織と交換の              精巧
                 ネットワークの複雑性
                 （技術的環境）
```

出所）Meyer, J. W. and B. Rowan（1977, p. 345）を邦訳し，一部加筆修正

各社がはちみつレモン果汁入り清涼飲料をこぞって開発・販売していったさま[2]や，最近ではコーヒーショップ業界において各社が続々と高価格型のコーヒーショップ形態へと進出していくさまなど）のメカニズムの解明に応用しうる点などから，本書で取り上げる意義が少なからずあるだろうと考え，本章で議論することにした．

第2節　理論的フレームワーク
―組織の正当性と合理化された神話への同型化―

　新制度派，少なくとも章のタイトルに掲げた２組の研究者たちは，先述したように，組織（構造）と環境の関係，とりわけ「同じ組織フィールドに属する諸組織が同質的な組織構造を採用する理由」，「効率性をもって語りえぬ別なる合理性の存在」この２つに深い関心をもっている．そして，その答えは，「組織（構造）は制度的環境から導かれる合理化された神話に正当性を求めて同型化していく」である．本節では，新制度派組織論の核となる主張であるこの１文をより詳細に検討していくことにしよう．

第14章　組織も戦略も制度的環境に従う　▶マイヤー＝ローワン，ディマジオ＝パウエル　151

（1）合理化された神話と同型化

　まずここで組織構造とは，活動の調整と統制のための公式的な青写真として考えられている[3]．この点は，一般的な概念定義と何ら変わりはない．ここで問題となるのは，この組織構造がどのようにしてあるカタチに決定されていくのかという点である．マイヤー＝ローワンによれば，それは，仕事のアクティヴィティに関する要求，すなわち効率性（新制度派の研究者スコット（Scott, W. R.）はこれに関連した環境を技術的環境とよんだ）と制度的環境の2つ，とりわけ脱産業社会では制度的環境の影響を受けて決定されていく．ちなみに，新制度派組織論において制度とは，スコットによれば，「シンボル体系—認知的構築物や規範的規則—と社会的行動を通じて実行され，社会的行動を形づくる規制的プロセスを組み込んだ，多面的システム[4]」である．

　さて，この組織を取り巻く制度的な環境の下では，組織構造は，「社会的現実において広く行き渡った理解[5]」，つまり「公の意見や重要な構成員の見解，教育システムを通じて正当化された知識，社会的地位，法律，法廷で用いられた過失や分別の定義などによって強要され[6]」てつくられるものであり，また，「特定の諸組織を束縛するかなり合理化された神話（rationalized myths）として機能するパワフルな制度的規則の現れ[7]」である．つまり，組織構造は，一方で活動の調整と統制のために効率性を求めつつも，他方で効率とはかけ離れてはいるものの世間でよしとされている，つまり正当性を認められた神話（合理化された神話）に基づきつくられているのである．言い換えるならば，組織は，組織構造を効率的な組織活動のためだけでなく，世間からの正当性を得るため（たとえば，企業不祥事対策をしっかり行っていると世間に認められるため）に整備するのである．このように，組織が制度的環境に埋め込まれた合理的神話を反映させて組織構造を生成することを，組織の環境的制度との同型化（isomorphism with environmental institution），あるいは組織の制度的規則との同型化（isomorphism with institutional rules），制度的同型化（institutional isomorphism）という．この制度的環境に対する環境観は，バーガー＝ルックマン（Berger, P. L.

図表14—2　組織のサバイバルと神話

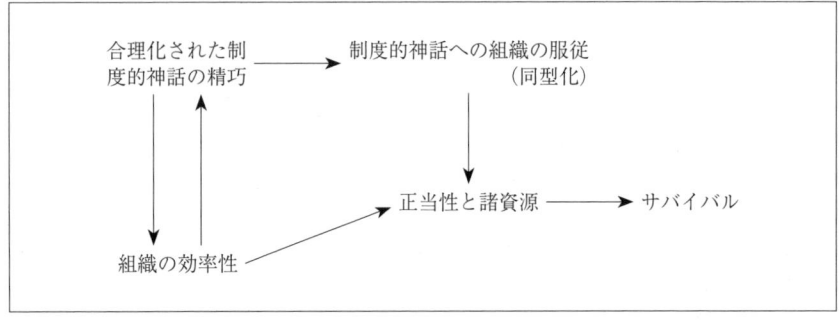

```
合理化された制       →  制度的神話への組織の服従
度的神話の精巧           （同型化）
    ↑                        ↓
    └──── 組織の効率性 ──→ 正当性と諸資源 ──→ サバイバル
```

出所）Meyer, J. W. and B. Rowan（1977, p.352）を邦訳し，一部加筆修正

& T. Luckmann) のいう社会的に構成された現実観に沿っているといえ，また組織がその環境から合理的神話を摂り入れ同型化し，それによって組織自身が社会的に構成された現実の一部，言い換えればその担い手となって自らの生きる現実をさらに創り出していくプロセスは，ワイクの組織化やギデンズ（Giddens, A.）の構造化を彷彿とさせる[8]．しかし，この2人の議論に比べ，どちらかというと，新制度派の議論は，環境を自ら生成していくという側面よりも，むしろ自ら創り出した環境に制約されていく側面が強調されている点が特徴である．

この制度への同型化によって，組織は，外的に正当性が付与され，組織内でもまた社会的にも認められた存在となり（ひいてはそれは組織内外のコミットメントを引き出し），乱気流が削減され，安定性を維持できるようになる．つまり，「制度的同型化は，組織の成功と生き残りを促進する[9]」のである．

(2) 同型化の3タイプ

この同型化には，ディマジオ＝パウエル（DiMaggio, P. J. & W. W. Powell）によれば，3つの種類がある．それは，強制的（coercive），模倣的（mimetic），規範的（normative）の3つである[10]．

第14章　組織も戦略も制度的環境に従う　▶マイヤー=ローワン, ディマジオ=パウエル　153

図表14－3　組織構造の同型性

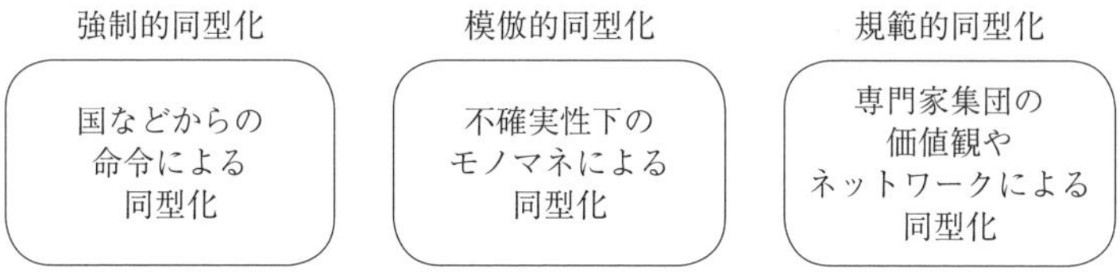

強制的同型化	模倣的同型化	規範的同型化
国などからの命令による同型化	不確実性下のモノマネによる同型化	専門家集団の価値観やネットワークによる同型化

① 強制的同型化…当該組織が依存する他の組織によって，そして，当該組織がその中で機能の一翼を担う社会における文化的期待によって組織に及ぼされる公式的ならびに非公式的な圧力（pressures）から生ずる同型化のこと．このような圧力は，共謀関係への強要や説得，勧誘として受け取られるかもしれない．たとえば，国の義務付けに基づくメーカーの新しい公害抑制技術の採用や州の基準に合わせた学校のカリキュラムの作成，あるいは同系列の企業組織群が，親企業にしたがって同型的な組織形態や会計手続きや業績評価，予算作成方法を採用するといったことなどがこの同型化の例となろう．また，その合理性（正当性）が認められた国や州，上位の企業組織などの支配力がさらに拡大すると，組織はますます神話に従い同型化の道を進むと考えられている．また，それによって同型化の儀礼的な意味合いもますます強くなっていくと考えられている．

② 模倣的同型化…当該組織のもつ技術が十分に理解されていない，目標があいまいである，環境がシンボリックな不確実性を創出するなどといったとき，組織は，他の組織を自身の模範とする．つまり，不確実性によって導かれる模倣による同型化，これが2番目の同型化である．不確実性下では，ことの因果関係があいまいであったり，それゆえ解決策が不明確であったりといった問題に出くわすことがあり，その際，模倣は，低コストでありながら成功の可能性の高い解決策を提供してくれる．この模倣は，望まなくとも意図せずして，異動や離職といった人材の流動によって促されることもあるようだ．また，この

模倣は，不確実性下での成功と共に，組織にその正当性（たとえば，ある成功したイノベーションの模倣は，組織の改革姿勢・努力を示すものにもなる）をももたらしてくれる．

③ 規範的同型化…プロフェッショナル（専門職）に関連した同型化．大学などで専門的な教育・訓練を受けた者たちは，同型の組織観やビジネス観（組織的行動，プロとしての行動に関する規範的ルール）をもっている．これにより，組織を越えた同型的な組織構造や行動が導かれるだろうことが考えられる．また，彼らは，組織をまたぎ広くプロフェッショナル同士のネットワークを構築しており，それらを通じて新しい動向などが流布し，それによって同型化がなされるといったことも考えられよう．

ちなみに，ディマジオ＝パウエルは，この同型化を分析するに当たり，先ほどからたびたび登場する「組織フィールド」という単位に限定してそれを捉えている．この組織フィールドとは，「全体として，制度生活（institutional life）の認知されたエリアを構成する諸組織」[11]のことであり，「主要供給業者，資源と製品の消費者，監督官庁，同様の製品・サービスを製造する他の組織」[12]で構成されるとしている．日常経験的に用いられているいわゆる「業界」やポーター（Porter, M. E.）のいう「業界構造」に類似したものと考えてよさそうである．

(3) 同型化によってもたらされるコンフリクト

上述したように，このような同型化によって，組織は，外的に正当性が付与され，組織内外のコミットメントを引き出し，また，不確実性を削減し，安定性を維持できるようになる．つまり，同型化は，組織の成功と生き残りに貢献するものなのである．しかし，マイヤー＝ローワンによれば，制度的規則への同型化を成功の源泉としているような組織には，いくつかの問題，とくに次のような問題に直面する恐れがあるといわれている．つまり，それは，効率性のための技術的活動や要求が組織の同型化行動とコンフリクトあるいは不一致を

第14章 組織も戦略も制度的環境に従う ▶マイヤー=ローワン，ディマジオ=パウエル　155

生み出すという問題である．これについて，彼らは，① 制度的規則を反映した組織構造と実際の日々の業務活動の間の脱連結（decoupling）（「分離」と訳したほうがわかりやすいかも知れない），② 組織構造に基づく活動の調整ではなく，組織内部の参加者，組織外の構成員たちの信頼（confidence）と誠実さ（good faith）に基づく協調，③ 監査や評価の最小限への抑制ないしそれらの儀礼化などによって，対応することが肝要だと主張している．[13]

第3節　現代的意義

　以上のように，新制度派の組織論は，チャンドラーやアンゾフとはまったく異なる視点（効率に基づく合理性ではなく神話に基づく合理性（すなわち正当性）という視点，そしてその視点に依拠した制度的同型性という組織構造の形成の仕方など）から，同じ脱産業社会の乱気流を乗り切ろうとする企業組織の姿を見つめていたのである．これら新制度派組織論は，上述した本書で取り上げる意義とも重複するが，理論的意義（① 組織論ならびに戦略論における制度概念の重要性，② 戦略論との関連性，または戦略論への応用可能性，つまり戦略も制度的環境にしたがって同型化する）ならびに実践的意義（③ 高価格型コーヒーショップ業界のような同型的な「戦略」を取る業界の分析可能性，そして同型化圧力の中での生きゆく知恵（第2節（3）参照）の提供など）からも現代的意義がある理論であろうと考えられる．とくに，本理論は，今例示した高価格型コーヒーショップ（スターバックスコーヒーなど）のような企業組織だけでなく，むしろそれよりも，大学や病院などの戦略や組織の同型化分析において有効かもしれない．なぜなら，大学や病院は，国（文部科学省，厚生労働省）や第三者評価機関からの強制的な同型化圧力，優秀な同業他社への模倣的同型化圧力，さらには専門職従事者たちの考え方からくる規範的な同型化圧力といった先述の3つすべてが企業組織よりも強力で，それらが複雑に絡まりあった中で行動することを強いられているからである．

図表14—4　制度的圧力に対する戦略的対応

戦略	戦術	例
黙従 (Acquiesce)	習慣 (Habit)	不可視で, 当然視されている規範に従う
	模倣 (Imitate)	制度的模範を模倣する
	遵守 (Comply)	規則に従い, 規範を受け入れる
妥協 (Compromise)	バランス (Balance)	複数の構成要素間の期待をバランスさせる
	収める (Pacify)	制度的要素を静め, 和解する
	交渉 (Bargain)	制度的ステークホルダーと交渉する
回避 (Avoid)	隠匿 (Conceal)	非同調を隠蔽する
	バッファ (Buffer)	制度的連結をルースにする
	逃避 (Escape)	目標, 活動, ドメインを変更する
拒否 (Defy)	却下 (Dismiss)	明示的な規範や価値を無視する
	挑戦 (Challenge)	規則や要求に異議を唱える
	攻撃 (Attack)	制度的圧力の源を攻撃する
操作 (Manipulate)	吸収 (Co-opt)	影響力のある構成員をとりこむ
	影響 (Influence)	価値や基準をつくる
	コントロール (Control)	制度の構成要素とプロセスを支配する

出所) Oliver, C. (1991, p.152) を邦訳し, 作成

しかし, この理論に問題がないわけではない. 佐藤郁哉・山田真茂留などによってもいくつかの問題点が指摘されているが, なかでもとりわけ問題なのは, 新制度派組織論では, 組織が制度からの同型化圧力に気圧されて従順に従う存在として描かれがちで, 組織や個人の主体性がぼやけてしまっている点である[14]. これについては, たとえば, ローレンスは, メンバーシップ戦略 (membership strategies) と標準化戦略 (standardization strategies) という2つの戦略 (総称して制度戦略:institutional strategy) を用いて企業組織が主体的に制度を創造する可能性について検討している. また, オリバーは, 強制や模倣などによる同型化以外にも制度圧力のもとで企業組織側がとりうる対応がある (図表14—4参照) ことを議論している[15].

以上のようにいくつかの問題はあるものの, 新制度派組織論は, 組織を考える上でも戦略を考える上でも今なおホットな議論のひとつであるといえる.

注

1) Scott, W. R., *Institutions and Organizations*, Sage Publications, 1995.（河野昭三・板橋慶明訳『制度と組織』税務経理協会，1998年，p. 37）
2) 浅羽茂『日本企業の競争原理―同質的行動の実証分析―』東洋経済新報社，2002年，p. 83
3) Meyer, J. W. & B. Rowan, "Institutional Organizations: Formal Structure as Myth and Ceremony", *American Journal of Sociologies*, 83 (2), 1977, p. 342.
4) Scott, W. R., *op. cit.*（前掲訳書，p. 54）
5) Meyer, J. W. & B. Rowan, *op. cit.*, p. 343.
6) *Ibid.*, p. 343.
7) *Ibid.*, p. 343.
8) *Ibid.*, p. 346.
9) *Ibid.*, p. 350.
10) 以降の3つの同型性に関する説明は，DiMaggio, P. J., & W. W. Powell, "The Iron Cage Revisited: Insititutional Isomorphism and Collective Rationality in Organizational Fields", *American Sociological Review*, 48 (April), 1988, pp. 151-157.
11) *Ibid.*, p. 149.
12) *Ibid.*, p. 150.
13) Meyer, J. W. & B. Rowan, *op. cit.*, pp. 354-359.
14) 佐藤郁哉・山田真茂留『制度と文化―組織を動かす見えない力―』日本経済新聞社，2004年，pp. 238-241.
15) Oliver, C., "Strategic Responses to Institutional Processes", *Academy of Management Review*, 16 (1), 1991, Lawrence, T. B., "Institutional Strategy", *Journal of Management*, 25 (2), 1999.

参考文献

DiMaggio, P. J. & W. W. Powel, "The Iron Cage Revisited: Institutional Isomorphism and Collective Rationality in Organizational Fields", *American Sociological Review*, 48 (April), 1988.
Lawrence, T. B., "Institutional Strategy", *Journal of Management*, 25 (2), 1999.
Meyer, J. W. & B. Rowan, "Institutional Organizations: Formal Structure as Myth and Ceremony", *American Journal of Sociologies*, 83 (2), 1977.
Oliver, C., "Strategic Responses to Institutional Processes", *Academy of Management Review*, 16 (1), 1991.
Scott, W. R., *Institution and Organizations*, Sage Publications, 1995.（河野昭三・板

橋慶明訳『制度と組織』税務経理協会，1998年)

浅羽茂『日本企業の競争原理―同質的行動の実証分析―』東洋経済新報社，2002年.

佐藤郁哉・山田真茂留『制度と文化―組織を動かす見えない力―』日本経済新聞社，2004年.

第15章
持続的競争優位性の獲得とRBV
（Resource Based View：資源ベース理論）
➤ バーニー

第1節　背景と問題意識

　1984年にルメルト（Rumelt, R. P.）やワーナーフェルト（Wernerfelt, B.）などによって発表されたRBV（Resource Based View：資源ベース理論）に関する諸論文は，ポーター（Porter, M. E.）の競争戦略論と並び評されるほど，今日の戦略論において重要な位置を占めている[1]．

　現在，RBVに基づいた研究は数多くみられ，その研究関心も多様化しているが，それら研究の主要な関心は，①企業がもつ資源がパフォーマンスに影響を及ぼし，②企業がもつ資源は，個別特殊的で簡単に他企業に移転可能とはならないの2点である[2]．そして，それらにおいて当該企業が持続的競争優位性を獲得できるか否かは，企業が保持する資源によって決定されると考えられている．たとえば，1990年代初頭の米国航空業界は，価格破壊の波によって大きく利益を落としていたが，そのような中で，サウスウエスト航空の利益は増大し続けた．また，価格競争と粗利益率の低下のプレッシャーを常に受け続けているディスカウント小売業界は，そのプレッシャーに対処できない企業が倒産していく一方で，ウォルマートのように業界平均の2倍の利益率を計上している企業も存在する．なぜ，同じ業界に存在しながら企業によってパフォーマンスが違うのであろうか．この点に着目し，その源泉を個々の企業がもつ資

源によるとした研究群のことをRBVとよんでいる．

このような資源に着目する研究が戦略論において生じてきた背景としては，1960年代から1970年代のアンドルーズ（Andrews, K. R.）などに代表されるSWOT分析や，1980年代のポーター（1980, 1985）の研究に代表されるようなSCP（産業構造（Structure）-行動（Conduct）-成果（Performance））モデルの存在があげられよう．SWOT分析は，ハーバード・ビジネス・スクール（Harvard Business School）で経営方針（Business Policy）を担当していたアンドルーズなどによって展開された企業分析の方法である（第9章参照）．SWOTとは，強み（Strengths），弱み（Weaknesses），機会（Opportunities），脅威（Threats）の頭文字をとったものであり，企業がもつ「強み（または弱み）」と，環境の「機会（または脅威）」が，「企業の成功（または失敗）」につながることを示すものである．このようなSWOT分析の成果を基にして，1960年代から1970年代にかけての戦略論は主に企業の内側と外部環境との適合について展開されていく．

そして，このSWOT分析の外部環境に注目し，研究を進展させた研究者としてポーターが存在する．ポーターは，経済学の産業組織論の知見，とくにSCPモデルを応用して産業構造を分析し，その状況下における企業行動や成果について研究を行ってきた．ポーターらが依拠するSCPモデルにおいては，外部環境を分析し，それに対応することにより，企業のパフォーマンスが向上するという解釈がなされている．第11章でも示されているように，ポーターは企業がおかれている環境（競争環境）を5つの要素に分類し，それぞれの競争の強弱によって企業行動は規定されていくと論じている．このようなSCPモデルに依拠したポーターの研究の特徴としては，①主に外部環境の機会や脅威に注目しており，②企業が支配する資源や志向する戦略は同一と捉え，そして，③用いる資源は流動性が高いので，資源の異質性は低いということがあげられる．

だが，実際の企業行動においては，資源が企業のパフォーマンスに影響を与

第15章 持続的競争優位性の獲得とRBV ▶バーニー

図表15―1　RBVとポーターの研究との視点の違い

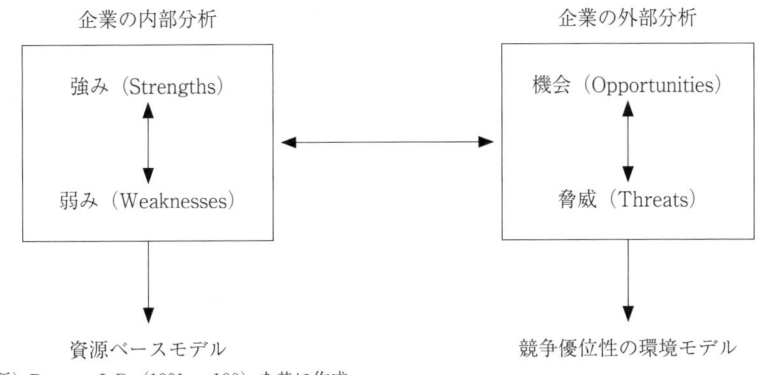

```
     企業の内部分析                          企業の外部分析
  ┌──────────────┐                    ┌──────────────┐
  │ 強み (Strengths)  │                    │ 機会 (Opportunities) │
  │       ↕          │ ←――――――――→      │       ↕          │
  │ 弱み (Weaknesses)│                    │ 脅威 (Threats)    │
  └──────────────┘                    └──────────────┘
          ↓                                      ↓
    資源ベースモデル                       競争優位性の環境モデル
```

出所）Barney, J. B. (1991, p. 100) を基に作成

え，またその資源には独自性が存在するため，資源を他社へ移転することは困難ではなかろうか．そのため，ポーターの研究は，企業の資源に対し着目する研究者，すなわちRBVの研究者らから批判を受けることとなる[3]．RBV研究者は，ポーターの研究は企業の外部環境に着目し研究を進展させてきたがゆえに，企業のパフォーマンスの源泉についての視点が不十分であると指摘している．そしてポーターに対するアンチテーゼとして，RBV研究では持続的競争優位性の獲得について，企業が保持する資源の観点から研究を進展させたのである（図表15―1参照）．たとえば，ワーナーフェルト（1984）は，論文の冒頭で資源と成果（product）はコインの裏表の関係であると述べており，資源がどのように成果に影響を及ぼすかについて示している．そして，資源を特定化することにより，企業が活動する最もよい市場を見つけることができると主張している．

このように戦略論の焦点が，外部環境の分析から資源へと変化する中，オハイオ州立大学経営学部（Departments of Management and Human Resources, Ohio State University）教授であるバーニー（Barney, J.）の研究は，RBVに多大なる功績を果たしたといえる[4]．本章においては，バーニーの研究を追うことにより，戦略論におけるRBVの有効性，そしてその限界について示していくこと

とする．

第2節　理論的フレームワーク ―資源と持続的競争優位性―

(1) 持続的競争優位性の源泉としての資源

　RBVでは，企業ごとに異質で複製に多額の費用がかかる資源に着目し，こうした資源を獲得できるかどうかによって企業は競争優位を獲得することが可能となると考えられている．この点について，バーニー（2002）はリカード（Ricardo, D.）の経済レント（economic rent）の概念を援用して資源と持続的競争優位との関係を述べている．経済レントとは「本来的に存在し，増産が不可能で，破壊も不可能な自然の恵み」[5]のことを指し，具体的には農耕地がもつ経済的意味のことをいう．土地は他の生産要素とは異なり，穀物などの総供給量は固定されているため，簡単に増産することができない．また，土地の肥沃さには差があるため，土地によって生産コストや収穫量は異なる．このような状況において小麦を最初に栽培する者はどの土地を選ぶであろうか．おそらく，最も肥沃な土地を選ぶこととなろう．肥沃な土地であれば生産にかかるコストよりも多くの対価を得ることができると考えるためである．その収穫量が高く，それを取引することにより利益を得られることが他者に理解されるようになると，多くの者が小麦栽培に参加するようになる．しかし，そのとき最も肥沃な土地は最初に参入した者が使用しているため，その後参入した者は，最初の者よりも生産性が低い土地で小麦を栽培することとなる．そのため，参入が遅れるほど，経済レントは低くなり，最終的には経済レントがゼロとなる[6]．

　このことを企業に置き換えて考えてみると，土地が資源を指し，獲得できる経済レントが持続的競争優位性であるといえる．すなわち，資源は個々の企業で異なっており，それらを他社に移転することは困難であるため，そこで獲得できる競争優位性は変化することなく生じ続ける．また，他社が資源の獲得や模倣をしようとしても，資源は固定的であるため，獲得や模倣をすることは困

第15章　持続的競争優位性の獲得とRBV　➤バーニー　163

図表15—2　VRINモデルと持続的競争優位性

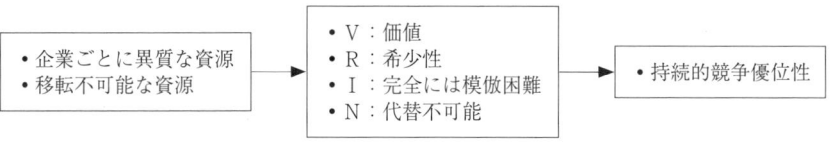

```
・企業ごとに異質な資源     V：価値
・移転不可能な資源    →   R：希少性       →   ・持続的競争優位性
                         I：完全には模倣困難
                         N：代替不可能
```

出所）Barney, J. B.（1991, p.112）を基に作成

難である．その結果，「継続的に」競争優位性を獲得し続けることが可能となる．すなわち，資源は企業ごとに異質で移転不可能であるということがいえよう．

（2）VRIN（Value, Rare, Imperfect imitate, and Non substitutability）モデル

このようにRBVでは，リカードの経済レントの概念に依拠して，持続的競争優位を獲得できる資源が，異質で移転不可能であるということを示した．しかしながら，このような経済レントの議論は抽象度が高いため，そのまま企業の分析に導入することは難しい．そこで，本項では持続的競争優位性を獲得できる資源について，より具体的に適用可能なフレームワークとしてバーニー(1991)によって提唱されたVRINモデルを用いて説明していくこととする．VRINモデルとは，資源を価値（Value），希少性（Rare），完全には模倣困難（Imperfect imitate），代替不可能（Non substitutability）の４つの観点から考察したもので，バーニーの研究の骨格をなしている（図表15—2参照）．

1）価値ある資源（Valuable Resources）

企業が保持する資源は，競争優位性を獲得できる時に価値あるものとして存在することとなる．SWOT分析でも示されているように，機会を獲得し，脅威を取り除くことができる場合にのみ，企業のパフォーマンスは向上する．一方で，脅威を無力化できなければ企業のパフォーマンスは落ち込んでしまう．すなわち，保有する資源が外部環境の機会や脅威にいかに対応できるかどうか

が，価値ある資源を判断する指標となるのである．

　このことについて，バーニー（2002）は，外部環境と価値ある資源との関係で事例をあげている．たとえば，3Mは接着剤分野などで培った経営資源と，リスクに対し前向きに対処する姿勢や創造性を評価する組織文化を組み合わせることにより，メンディング・テープやポスト・イットなどを開発し，数多くの市場機会を獲得している．一方で，シアーズは，旧来型の行動様式に固執したために，ウォルマートや専門品小売店によってもたらされた小売業界の新たな変化を認知し適応することができず，チャンスを逃している．

2）希少な資源（Rare Resources）

　もし競争環境下に存在する数多くの企業が，価値ある資源をもっていたとしたらどの企業も競争における優位性を獲得することはできない．当該資源が広く普及することは，優位性の源泉とはなりえず，競争均衡を構築するものとなる．こうしたことから，資源が希少か否かによって競争優位性を獲得できるかどうかが決定されるといえよう．

3）完全には模倣困難な資源（Imperfect imitate Resources）

　上述の「価値ある資源」と「希少な資源」は，競争優位の源泉となりうる．実際に，この2つの資源を獲得する企業の多くは，競争戦略でのイノベーターとなっている．なぜなら革新的企業は他企業が認識できなかったり，実行できなかったり，さらに認識も実行もできないような資源を認識し，組み合わせることができ，先行者優位（first mover advantage）を獲得することができるためである．しかし，この2つの資源による競争優位性は，必ずしも持続的なものにはなりえない．その理由は，模倣可能性の存在のためである．もし他社がこれまでにはない，価値があり希少な資源を獲得したとしよう．その場合，競合他社がとる方法としては2つ提示することができる．ひとつは，新しい資源に対し見向きもせず，これまで通りのビジネスを行う方法であり，もうひとつはその資源を模倣することである．前者の場合，企業のパフォーマンスは減少する．しかし後者の方法で模倣し，それが成功したならば，価値があり希少な資

源は競争優位の源泉ではなく,競争均衡を生み出すこととなる.そのため,持続的な競争優位性を確保できるとは限らないのである.

だが,模倣をしようとしている企業のコストが,現在,競争優位な状況にある企業が支払ったコストよりも大きい場合,他企業がもっている資源をすべて模倣することは難しいといえる.そして実際の状況下においてもこのことはよく見受けられる.その理由としてバーニーは,① 独自の歴史的状況（unique historical conditions）,② 因果の不明確さ（causal ambiguity）,③ 社会的複雑性（social complexity）の3つが存在するためであるとしている[8].独自の歴史的状況とは,当該企業が何らかの競争優位な資源を保持したのは,歴史的な要因が影響を及ぼしているという考えである.つまり,企業のこれまでの流れ（歴史）が,企業のパフォーマンスに影響を及ぼしていると理解するのである.このような研究は古くはアンゾフ（1965）などにもみられ,資源が空間と時間に依存していることを表している.また,以前の出来事が現在の出来事に影響を及ぼし,現在の出来事が未来の出来事に影響を及ぼすという経路依存（path dependence）という考えも歴史的状況には含まれている.2点目の因果の不明確さとは,模倣しようとする企業にとって,模倣対象の企業が保有する資源と,その企業の競争優位性との関係がよく理解できないということである.すなわち,その企業の競争優位との因果関係が不明なため,他企業は模倣しようとしても何を模倣してよいのかが曖昧でわからないということである.そして,模倣困難の3つ目の理由である社会的複雑性とは,資源が社会的に複雑な現象であり,企業のコントロールが困難な状況を指す.また,もし他企業がその資源を模倣しようとするならば,複雑性が高いがゆえにコストが法外なものになる可能性がある.そのため,模倣することが困難となる.

4) 代替不可能な資源（Non substitutability Resources）

代替可能な資源とは,当該資源以外の資源であっても,当該資源と同様の機能を有するものを指す.競争優位性をもつ資源を獲得した企業は,その資源を用いて行動していくが,一方で他企業は代替可能な資源の存在を探索し始める

こととなる．たとえば，業務遂行におけるカリスマ的なリーダーと，全社的な戦略プランニングのシステムはまったく異なった資源ではあるが，業務遂行において競争優位性を獲得する際には同様の機能を有するといえる．

このように，代替可能な資源が存在していたならば，競争優位性は一過的なものとなるが，一方で競争優位性を導く資源が代替不可能な資源であれば，その資源は持続的な競争優位性を獲得することができるといえる．

(3) VRINモデルからVRIO (Value, Rarity, Inimitability, and Organization) モデルへ

上述のように，バーニー (1991) は，持続的競争優位性を導く4つの資源からなるフレーム（VRINモデル）を導出したが，1996年の *Gaining and Sustaining Competitive Advantage* 1st ed. では，このモデルを修正し，新たにVRIOモデルを示している．VIRNモデルとVRIOモデルとの大きな違いとしては，①完全には模倣困難な資源 (Imperfect imitate resources) と代替不可能な資源 (Non substitutability resources) を統合し，模倣困難性 (Inimitability) としている，②組織 (Organization) を新たに加えている，ということがあげられる．模倣困難性に関しては，既述の2つの資源を単に統合したのみであるが，組織に関しては，バーニー (1991) の研究ではVRINと同様に詳しく述べられてはいない．

しかし，バーニー (1996, 2002) では，企業が競争優位を獲得するためには，価値，希少性，模倣困難性と同時に，それらを十分に活用できるように組織されていなければならないとしている．

このことに関して，バーニー (2002) は，ウォルマートの持続的競争優位性を事例として取り上げて説明している．ウォルマートの持続的競争優位性の源泉は，米国南部の郊外地域へ早く進出したという事実に起因しているが，優位性を獲得するためには適切な命令・報告体系，コントロール・システム，報酬体系，在庫管理システム (POS) などが必要であり，それらをうまく運営する

組織が必要であった．ウォルマートはその組織を構築できたがゆえに持続的競争優位性を獲得できたといえよう．

すなわち，組織という視点を導入することにより，「自社が保有する経営資源やケイパビリティがその戦略的ポテンシャルをフルに発揮するように組織されているか」[9]という，諸資源の組み合わせにより競争優位性が生ずるか否かが決定されるという視点が追加されたといえよう．

そして競争優位性を獲得する資源のひとつであり，しかも各資源を結びつけ活用する主体としての組織という考えは，プラハラード（Prahalad, C. K.）とハメル（Hamel, G.）のコア・コンピタンス（Core Competence）の議論や，ストークら（Stalk. G. et al）のコア・ケイパビリティ（Core Capability）の議論とも関連し，その後の戦略論において大きな影響力を発揮していくこととなる．[10]

第3節　現代的意義

既述したようにRBVは，今日の戦略論においてポーターの競争戦略論と並び評される存在である．ポーターが主に外部環境から競争状況を分析したのに対し，RBVは企業内の資源の観点から研究を行っている．とりわけ，ポーターなどの研究が外部環境という比較的表層の現象を示し，その説明可能性の高さから戦略論において大きな影響力をもち始めている状況において，比較的深層でしかも見えにくい資源に着目し，資源こそが競争優位性の源泉であると説得力をもって論じたという点で，RBVの功績は非常に高いものがあるといえよう．

しかしながら，RBVにおいては，次のような問題点も存在している．それは，①何が競争優位を生み出す資源で，どのようにそれらを構築し，そして用いるのかという視点について，②戦略構築の現場における構築プロセスについての2点があげられよう．もちろん，これらの問題点に対し，戦略策定者の視点[11]や，動的なRBVという視点を用いて研究を行っている研究者も存在し

ているが，まだ緒についたばかりである[12]．今後，このような問題点に対し，どのような成果が示されるのかが非常に興味深いところである．

注
1) 戦略論において Resource Based View という言葉を初めて用いたのは，ワーナーフェルト (1984) である (Barney and Arikan, 2001)．
2) なお，ここでの資源 (resource) とは，ブランドネーム，技術，スキル，機械，効率的手順，資本など，企業の強みや弱みを構築するものを指す (Wernerfelt, 1984; Barney, 1991)．また，資源は大別すると，① 物的資本資源 (physical capital resources)，② 人的資本資源 (human capital resources)，③ 組織資本資源 (organizational capital resources) の3つに分類することができるとしている (Barney, 1991)．
3) もちろん，ポーターが依拠する SCP モデルは RBV 研究者によって全面的に否定されたわけではない．「価値ある資源 (Valuable Resources)」の項でもあるように，何が価値ある資源なのかを判断する際には，外部環境分析が必要不可欠となる．また，実際のビジネスにおいても外部環境と資源とを明確に区別することは困難である．しかしながら，ポーターの対立項としての RBV という視点はルメルトら (1991) やティースら (1997) によって強調されるようになっていった (沼上，2006)．
4) バーニーの一連の論文としては，1986年に *Management Science* に掲載された "Strategic Factor Market: Expectation, Luck, and Business Strategy" や，1991年に *Journal of Management* に掲載された "Firm Resources and Sustained Competitive Advantage" などが存在する．なお，これら2本の論文執筆当時のバーニーの所属は Texas A & M 大学である．
5) バーニー（岡田正大訳）『企業戦略論―競争優位の構築と持続―』ダイヤモンド社，2003年，p. 238
6) 初期に参入することによる優位性を先行者優位 (first mover advantage) とよぶ．この点については，ワーナーフェルト (1984)，リーバーマン・モントゴメリー (1988) などが詳しい．
7) しかしながら，このことは，永遠に経済レントが存在し続けるということを意味してはいない．たとえば，技術革新などにより最も肥沃な土地と同じだけの収穫高を上げる可能性もあるし，また天候の変化などによって，その土地の肥沃さが失われてしまう場合もある．
8) バーニー (2002) では，3つの理由に加え，模倣困難性を保持する制度として特許 (patents) が新たに加えられている．
9) 前掲書，p. 269

10) コア・コンピタンスやコア・ケイパビリティは，自社の中核（Core）となる強みを指しており，これらは単に企業がもつ資源ではなく，それらを統合する組織的能力によって構築される．
11) たとえば，星（2006）は，戦略策定におけるミクロ的な視点や，戦略の実践家に着目して研究を進展させている．
12) このような問題について，フォス（2005）や石川（2006）は，動的なRBVの視点を導入して検討を重ねている．

参考文献

Ansoff, I., *Corporate Strategy,* McGraw-Hill, 1965.（広田寿亮訳『企業戦略論』産業能率短期大学出版部，1969年）
Barney, J. B., Strategic Factor Markets: Expectations, Lucks and Business Strategy, *Management Science,* Vol. 31, 1986, pp. 1231-1241.
Barney, J. B., Firm Resources and Sustained Competitive Advantage, *Journal of Management,* Vol. 17, No. 1, 1991, pp. 99-120.
Barney, J. B., *Gaining and Sustaining Competitive Advantage,* 2nd ed., Pearson Education, 2002.（岡田正大訳『企業戦略論─競争優位の構築と持続─』ダイヤモンド社，2003年）
Barney, J. B., and A. M. Arikan, The Resource-based View: Origins and Implications, Hitt, M. A. Freeman, R. E. and J. S. Harrison eds., *The Blackwell Handbook of Strategic Management,* Blackwell Publishers, 2001, pp. 124-188.
Foss, N. J., *Strategy, Economic Organization, and the Knowledge Economy: The Coordination of Firms and Resources,* Oxford University Press, 2005.
Lieberman, M. B., and D. B. Montgomery, First Mover Advantages, *Strategic Management Journal,* Vol. 9, 1988, pp. 41-58.
Porter, M. E., *Competitive Strategy: Techniques For Analyzing Industries and Competitors,* Free Press, 1980.（土岐坤ほか訳『競争の戦略』ダイヤモンド社，1982年）
Porter, M. E., *Competitive Advantage: Creating and Sustaining Superior Performance,* Free Press, 1985.（土岐坤，中辻萬治，小野寺武夫訳『競争優位の戦略：いかに高業績を持続させるか』ダイヤモンド社，1985年）
Prahalad, C. K. and G. Hamel, The Core Competence of the Corporation, *Harvard Business Review,* Vol. 68, No. 3, 1990, pp. 79-91.
Rumelt, R. P., Towards a Strategic Theory of the Firm, Lamb, R. B. ed., *Competitive Strategic Management,* Englewood Cliffs, 1984, pp. 556-570.
Stalk, G., Evans, P. and L. Shulman, Competing on Capabilities: The New Rules of

Corporate Strategy, *Harvard Business Review,* March-April, 1992, pp. 57-69.

Teece, D. J., G. Pisano and A. Shuen, Dynamic Capabilities and Strategic Management, *Strategic Management Journal,* Vol. 18, 1997, pp. 509-533.

Wernerfelt, B., A Resource-based View of the Firm, *Strategic Management Journal,* Vol. 5, 1984, pp. 171-180.

石川伊吹「資源ベースの戦略論における競争優位の源泉と企業家の役割―オーストリア学派の資本理論と企業家論からのアプローチ―」『立命館経営学』第45巻第4号, 2006年

沼上幹「アメリカの経営戦略論と日本企業の実証研究:リソース・ベースト・ビューを巡る相互作用」『経営学史学会第14回大会予稿集』2006年

星和樹「ミクロ戦略論の展開」『経営学研究論集』第25号, 2006年

第16章

戦略とジレンマ
➤クリステンセン

第1節　背景と問題意識

　ハーバード・ビジネススクールに籍を置くクレイトン・クリステンセン（Christensen, Cleyton）によって，1997年に発表された[1]『イノベーションのジレンマ』（原著タイトル：*Innovator's Dilemma*）は，イノベーション分野の研究であると同時に，1990年代後半における戦略論研究展開のひとつの特徴を示す，重要な研究であるとみなされている．この研究における主要な関心は，技術的変化，とりわけ「破壊的イノベーション」（disruptive innovation：後述）とよばれる不連続の技術変化が起きた際に，なぜ企業はその技術変化に適応できずに衰退していくのか，という点に向けられている．今日でも，業界のリーダーであった企業が，破壊的イノベーションに対応することができずに衰退をしていく事例が後を絶たない．この衰退現象に対して，旧来の通説は，顧客の無視，技術開発スピードや努力の欠如，経営資源の不足，マネジメントが新しい技術を知らないままであったこと，マネジメントの怠惰等の理由で説明してきた．しかしながら，クリステンセンが行ったハードディスク業界における調査の結果，業界のリーダーであった企業は，通説で描かれるイメージとは真逆で，むしろ積極的に技術革新に取り組み，顧客の声に真剣に耳を傾けながら競争を繰り広げていたという．では，そうであるにもかかわらず，なぜリーダー企業が衰退していくのだろうか？　この疑問点に対する答えを提示したのがクリステ

ンセンの『イノベーションのジレンマ』である.

クリステンセンの議論は,大きく2つの論理に基づいて成立している.ひとつは,バウアー(Bower, 1970)によって提示され,弟子のバーゲルマン(1983)によって発展を遂げた,組織内の資源配分プロセスに関する研究である.もうひとつは,フェッファー&サランシック(Pfeffer and Salancik, 1978)による資源依存理論の研究である.この2つの理論が組み合わされたことで,内的資源配分と外的な資源依存関係の双方から,イノベーションにうまく対応できないジレンマが組織に生じることが明らかにされている.では,どのように理論が展開されるのか.以下にクリステンセンの議論をみながら考えていこう.

第2節　理論的フレームワーク ―イノベーションのジレンマ―

(1) イノベーションのジレンマの概要

業界リーダーであった企業が,技術革新の波に飲まれて敗北していく事例は後を絶たない.このような事例を説明する際に,これまでの研究では,既存のリーダー企業が,技術的変化や製品のアーキテクチャなどの変化に適合できないためである,と説明してきた(e.g., Tushmann and Anderson, 1986; Henderson and Clark, 1990).それゆえに,既存のリーダー企業よりも,新規参入業者の方が有利になる「攻撃者のアドバンテージ(attacker's advantage)」(Foster, 1986)が生じることが明らかにされている.

クリステンセンがバウアーと著した論文(Christensen and Bower, 1996)においては,この技術に関する「変化」には2つの種類(持続的／破壊的)があることが指摘され,持続的変化に対しては,リーダー企業が有利であり,破壊的変化に対しては,新規参入業者が有利であることが指摘されている.このようなリーダー企業に生じる新規参入業者に対する脆弱性をクリステンセン(1997)は後に「イノベーションのジレンマ」(innovator's dilemma)と名付けた[2].なぜ既存のリーダー企業には,新規参入業者に対する脆弱性が生じるのか,その論

理について，彼らは資源配分プロセスと資源依存理論という2つの理論の応用を行うことで明らかにしている．

この節では，まず技術的変化の種類とその事例について考察を加え，後に，資源配分プロセス研究と資源依存理論から明らかにされたイノベーションのジレンマの発生要因について説明を加えることとしよう．

(2) 技術的変化の類型とイノベーションのジレンマ

先ほど簡単に触れたように，バウアー＝クリステンセン（Bower and Christensen, 1996）によると，技術変化には2つの種類が存在している．ひとつは，軌跡―持続的技術変化（trajectory-sustained technological change）とよばれるものであり，もうひとつは，軌跡―破壊的技術変化（trajectory-disruptive technological change）である．前者は，既存の技術の活用方法の延長線上で生じる変化であり，後者は既存の技術の活用方法とはまったく違う，新しい市場が創造されてしまう変化である．そして，前者の技術的変化から生じるイノベーションは「持続的イノベーション」，後者から生じるイノベーションは「破壊的イノベーション」とよばれる．クリステンセンはこの2つの技術変化の類型を説明するために，ハードディスク産業を対象とした事例研究を行っている．

同産業における持続的イノベーションの例としては，フェライトヘッドによる記録方式から，薄膜技術による記録方式への技術革新，薄膜方式から磁気抵抗（MR）方式への技術革新があげられる．こうした技術革新は，リーダー企業によって積極的に行われ，開発や商品化が行われている．既存の製品枠組み内での性能の向上（たとえば，メインフレーム用ハードディスクの記録密度の向上）は，たとえその個々の部品や製品設計思想が異なったとしても，その製品を使用するユーザー層（たとえば，メインフレームコンピュータメーカー）は変化しない．したがって，ユーザーとの関係を活かして新規技術の善し悪しを判断することが可能であるため既存企業に優位性がある．それゆえに，リーダー企業が

図表16―1　固定ディスク・ドライブの需要容量と供給容量の軌跡の交差

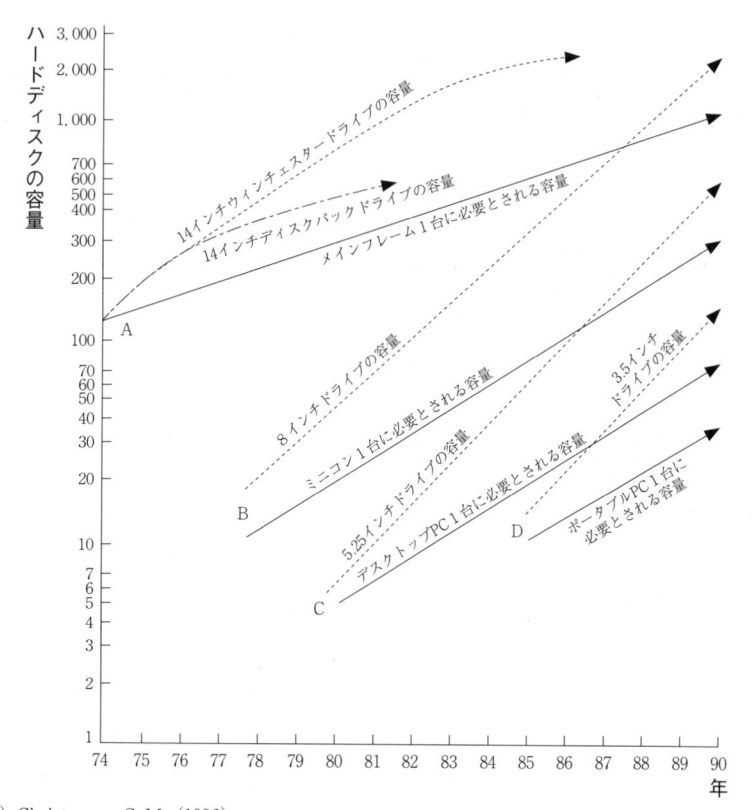

出所）Christensen, C. M.（1996）

持続的イノベーションによって，その地位を追われることはない．持続的イノベーションにおいては，新規参入業者よりも，既存のリーダー企業の方が有利な立場にあるのである．

　一方，ハードディスク産業における破壊的イノベーションの例は，ハードディスクのインチサイズの小型化があげられる．ハードディスクが小型化されるごとに，ハードディスクの使用用途は大きく変化を遂げてきた．たとえば，14インチサイズのハードディスクはメインフレームに使われていたが，8インチ

のハードディスクはミニコンに使われるようになった．その結果，既存のメインフレーム用14インチハードディスクのリーダー企業が，ミニコン用8インチハードディスクメーカーに敗北するという現象が生じている．しかし，持続的イノベーションに比べてみると，14インチから8インチへのサイズ変化は，表面的にみればさほど大きな技術的変化にはみえない．フェライトヘッドから薄膜技術へ技術的な進歩を遂げるよりも，サイズを小さくすることの方が，技術的な困難さは少ないようにみえるからである．事実，14インチのハードディスク産業でリーダー企業であったメーカーは，8インチのハードディスクが市場で大きな地位を占めるようになった段階で，8インチのハードディスクを製造することはできた．しかし，8インチ市場への参入が大幅に遅れたことによって，14インチ市場で有していたリーダーとしての地位を8インチ市場では得ることができなかったのである．ではなぜ参入が遅れ，地位を失ってしまったのだろうか．ここにイノベーションのジレンマが隠されているのである．

ハードディスク産業におけるインチサイズ小型化が，既存リーダー企業にとってやっかいな要因は，小型化されたハードディスク技術の登場段階では，記録密度が既存のハードディスクに比べて低いことにある．すなわち，**図表16－1**からわかるように14インチのハードディスクは，8インチのハードディスクの登場した段階では，およそ500MB程度の記憶密度を有していた．一方，8インチのハードディスクは，その段階ではわずか数十MBの記録密度しか有していない．そのため，登場段階においてはメインフレームに8インチのハードディスクを用いることは，メインフレームに要求されるスペックを満たさないため不可能である．また，顧客であるメインフレームを製造するメーカーの満足度を高めるべく，8インチのハードディスクについての意見を求めても，ハードディスクを小型化するよりも，14インチサイズで記録密度を向上させることを優先するべきだといわれる．なぜなら，現在のユーザーは，現在の使用用途の延長線上でより良い製品を求めているからである．このように，14インチのハードディスクを作っているメーカーにとっては，8インチ

のハードディスクを作る技術があったとしても，8インチ技術の登場段階でそれを作るメリットは何もないのである．

一方，8インチのハードディスクメーカーは，メインフレームではなくミニコンという新しい設計のコンピュータに同技術を用いた．なぜならば，8インチのメーカーには，既存のメインフレーム市場に参入できる余地は技術的にも，営業的にもないからである．ところが，最初は小さかったミニコン市場が徐々に大きくなるにつれて，ミニコンのユーザーは次第に使い方をマスターし，それに伴ってより大きな容量をもつハードディスクを求めるようになっていく．その求めに応じて，8インチのハードディスクメーカーは，持続的イノベーションを推し進め，記録密度を向上させていく．その結果，メインフレームで要求されているハードディスクの記録密度需要を8インチのハードディスク技術が，ある段階で追い抜いてしまうという現象が起きるのである（図表16－1参照）．この追い抜きが生じた段階で，14インチのメーカーが8インチの製造に乗り出したところで，すでにミニコン市場においては，別なメーカーが支配的な地位にあり，ミニコンを製造する企業と強固な関係を構築してしまっている．また，持続的イノベーションの点でも優れた技術を有してしまってもいる．その結果，8インチ市場では14インチ市場で有していたような支配的地位を得ることができなくなってしまうのである．また，8インチハードディスクによる14インチハードディスクの記録密度追い抜きが発生した段階では，メインフレーム市場における地位すらも喪失する危険性が生じてしまう．いうまでもなく，メインフレームでもより記録密度の高くなった8インチのハードディスクを使う方がメインフレームメーカーにとって合理的だからである．このように，技術的には製造することが可能であっても，新しい技術に事業としての対応ができない結果，市場地位を喪失してしまう現象が「イノベーションのジレンマ」であり，こうしたジレンマをもたらすイノベーションこそが破壊的イノベーションなのである．

なお，8インチのハードディスクが登場した以後も，5.25インチ，3.5イン

チ，2.5インチ，1.8インチとハードディスクのサイズは小型化している．小型化によって，リーダー企業の入れ替わりが生じたのは，8インチから5.25インチ，5.25インチから3.5インチである．しかし，2.5インチの市場においては，今のところ破壊的イノベーションとよぶべき変化は観察されていない．この理由は，小型化に伴って生じる最終製品の違いが生じたか，生じなかったかの違いによる．すなわち，8インチはミニコン用，5.25インチはデスクトップPC用，3.5インチはポータブルPC用というように，ハードディスクの使用される製品が異なっている．そのため，14インチから8インチへの変化で観察された現象と同様の現象が発生したのである．こうした現象の発生論理は次項で述べる．一方，3.5インチから2.5インチへの小型化は，破壊的イノベーションとはよべない．2.5インチは主としてノートPCに用いられているハードディスクであり，小型化に伴い記録密度は低下したものの，3.5インチドライブに比べて，小さく，軽く，耐久性に優れ，省電力であるという特徴がある．クリステンセン（1997）によると，2.5インチへの小型化は，先にあげたような諸性能が3.5インチのハードディスクよりも向上したにすぎず，とくに大きな用途の変更が発生していない．したがって，持続的イノベーションとよぶべきものであるとされる．一方，近年登場した1.8インチのハードディスクは，ノートPCにも一部で用いられているが，携帯心臓モニターに用いられている．これは旧来とまったく異なる製品への組み込まれ方であり，破壊的性質をもつイノベーションである可能性があると指摘されている．

(3) イノベーションのジレンマの発生論理

それではなぜ破壊的イノベーションの前に，既存のリーダー企業は敗北してしまうのであろうか．その論理は，主として先に述べたように2つの観点の組み合わせから説明される．ひとつは，組織内部の資源配分プロセスから生じる論理であり，もうひとつは，資源依存関係から生じる論理である．この両者が相まってイノベーションのジレンマが発生する．まずは，資源配分プロセスか

らイノベーションのジレンマが生じる論理について考えていこう．

組織では，事業活動を行う上で経営資源の配分が行われる．ここで主に対象とされる経営資源は，人的資源と資金の2つである．新規の事業機会に対して，これらの資源を組織内でより多く獲得できることは，イノベーションを生じさせる上で，決定的な重要性をもつことは想像に難くない．資金や人材が十分にあてがわれなければ，イノベーションを起こすことはきわめて難しいからである．しかし，こうした資源配分が決定されるプロセスには注意が必要である．その理由はミドルマネジャーが資源配分プロセスに与える影響力にある．

通常，経営資源の配分は，トップマネジメントの階層によって決定され，それが自動的に配分されるものだと想像される．しかしながら，実体はそうではなく，ミドルマネジャーが大きく資源配分を決定することに影響を与えている (Bower, 1970; Burgelman, 2002)．この影響を理解するには2つの視点が必要である．ひとつは，資源配分をトップが決定するまでの過程である．どのような資源配分がより望ましいとトップが考えるようになるか，その考え方にミドルマネジャーは影響を与えようとするだろう．これはいうまでもなく，自分の統括する部署に資源がより多く配分されれば，イノベーションを生じやすくなり，組織内での自分の評価の向上につながるからである．別な観点からこの現象をみれば，トップが資源配分の決定段階で用いる情報は，多くの場合，ミドルマネジャーからトップに上げられた情報であるといえる．トップの判断はミドルマネジャーによって大きく影響を受けているのである[3]．

もうひとつの視点は，資源配分が決定された後，つまり，実際に組織の中で資源が運用される段階である．この段階でも，ミドルマネジャーは大きな影響力を有している．ミドルマネジャーは，自分の所属する組織にとって，どの顧客が利益をより多くもたらすか，どの製品が最も利益率が高いかなどの点に応じて，現場レベルでの資源配分を実行する．この行動の理由も，いうまでもなく，よりよい成果を出す資源配分を実行することが，ミドルマネジャーが組織内で高い評価を得ることにつながるからである．

第16章 戦略とジレンマ ➤クリステンセン

　こうした資源配分におけるミドルマネジャーの果たす役割によって，イノベーションのジレンマが引き起こされるひとつの要因が説明される．すなわち，ミドルマネジャーは，自らの評価をより高めるために，より確実に高い利益率を確保できる製品を売ろうとするだろう．また，どのような製品に資源を配分すべきかについても，より確実に利益につながる提案をトップに対して行うようになるであろう．その結果は，先に紹介した14インチから8インチへの小型化に伴うイノベーションのジレンマが生じた事例からも明白である．すなわち，ミドルマネジャーは，既存の顧客であるメインフレームを製造しているメーカーに対して，14インチのハードディスクを販売することに注力する（すなわち，重点的な資源配分を行う）ようになるであろう．なぜならば，生まれたての技術で記憶密度の低い8インチのハードディスクに資源を配分するよりも，14インチのハードディスクの方が，より確実に成果を出すことにつながるからである．また，ミニコン市場の存在に気がついていても，ある程度成熟して規模の大きくなったメインフレーム市場に対して製品を作ってきた14インチハードディスクのリーダー企業にとって，まだ黎明期で規模の小さいミニコン市場へ自社資源の配分を変更することは，自社の規模を大幅に縮小する必要が生じてしまうため不可能である．したがって，そのような提案をミドルマネジャーがトップに対して行うことは考えにくい．以上のような資源配分上の問題から，新しい製品への戦略転換が行われず，イノベーションのジレンマに直面することになる．

　もうひとつの説明論理である資源依存理論とは，フェッファー&サランシック（1978）によって示された概念である．ここでは，組織は自らの存続にとって重要な資源を有している組織外の存在によって，パワーを行使され，コントロールされていることが主張される．なぜならば，重要な資源が提供されなくなれば，たちまち組織は存続できなくなってしまうからだ．このような関係を依存関係という．したがって，組織の存続にとっては，重要な資源を有する存在の望む行動を取ることが必要であるとされる．

ハードディスク産業を例にみてみると，メインフレーム用の14インチのハードディスク市場でのリーダー企業は，逆説的にみれば，顧客であるメインフレームを製造している企業への依存関係にある．メインフレームメーカーは，14インチのハードディスクメーカーにとって，重要な資源である利益をもたらす存在だからである．それゆえに，14インチのハードディスクメーカーは，まずはメインフレームメーカーに対して，8インチのハードディスクについてどのように考えるか，意見を求める（あるいは，暗黙的に意向を察する）であろう．メインフレームメーカーは8インチのハードディスクの市場を知るよしもないため，「現在のメインフレーム製品のために，記録密度を向上させて欲しい」との意向が示される．こうしたメインフレームメーカーが求める「記憶密度の向上」に対して適応的な行動を取ることは，両者の関係性を考えれば組織の存続にとって当面は合理的である．また，ミニコン市場で使われている，(まだその段階では)記録密度の低い8インチのハードディスクを製造することに注力することは，当面は非合理的である．それゆえに，14インチのハードディスクメーカーは，8インチのハードディスクを事業化しないし，事実，メインフレームメーカーによって外的にコントロールされているため，事業化できないのである．問題は，こうした合理的／非合理的の判断基準は，小型化のイノベーションが生じた初期段階において生じるものであり，既存のリーダー企業が破壊的イノベーションに直面するのは，後に小型化されたハードディスクの方が，より大型のハードディスクの需要を満たしてしまう現象が生じた段階においてである．この時間軸のギャップからイノベーションのジレンマが生じるのである．

 このように，組織が破壊的イノベーションに直面する論理には，内的・外的双方の視点が存在している．しかしながら，これら2つの論理は無関係ではない．外的なコントロールが，内的な資源配分の選好に大いに影響を及ぼすからである．つまり，外的なプレーヤーの要求への適応が，ミドルマネジャーにとって，より確実な成果をもたらすことは資源依存理論からも明らかであり，そ

れに則って，内的な資源配分が行われるのである．以上がイノベーションのジレンマの発生論理である．

第3節　現代的意義

　戦略論研究の大きな枠組みからみると，クリステンセンの「イノベーションのジレンマ」は，組織の活動から不可避的に生じる，組織の慣性（inertia）と戦略転換に関する研究のひとつとみることができる．すなわち，自社の既存市場での地位によって，新しい戦略への転換が困難になるという論理は，組織がそれまで行ってきた活動の結果，行使できる戦略の選択肢が制約されたり，そもそもその選択肢が思いつかなかったりするという現象が生じることを説明する論理としてみることができるのである．このような議論は，近年の戦略論研究において盛んに論じられつつあるテーマのひとつとなっている．たとえば，サル（Sull, 1999）は，組織の活動から生み出された成功の論理にコミットしてしまうことによって，環境変化を認知することができなくなり，戦略転換が生じない現象をアクティブな惰性（active inertia）とよんでいる．また，レナード―バートン（Leonard-Barton, 1991）は，自社が強みを発揮するコア・ケイパビリティは，そのケイパビリティに基づく活動展開を促進すると同時に，そのケイパビリティに基づかない活動展開を制約するという二重性を有している点を指摘し，このような制約的側面をコア・リジディティ（core rigidity）と名付けている．これ以外にも，ポラロイドを事例として，認知構造が戦略転換を制約することを論じたトリプサス＝ガヴェッティ（Tripsas and Gavetti, 2000）や，インテルを事例として，戦略転換と組織の慣性の発生について論じた壮大なバーゲルマン（2002）の研究，ミラー（Miller, 1990）によるイカロスのパラドクスになぞらえた研究もある．いずれにしても，これらの研究について共通するのは，現在の環境への適応から生じる組織プロセスや組織の認知構造は，将来の適応可能性を排除する不確実性を内包していることを論じている点にある．ク

リステンセンのイノベーションのジレンマは，こうした諸研究の中でも，とくに外的・内的な戦略転換の制約要因を論理的に明らかにした点で，今日の戦略論研究にとって重要な意義を有しているのである．

注

1) 正確にいえば，イノベーションのジレンマの論理が発表されたのは，同書が出版される1年前に学術誌である *Strategic Management Journal* 誌上で発表されたクリステンセン&バウアー（Christensen and Bower, 1996），Customer Power, Strategic Investment, and The Failure of Leading Firms, *Strategic Management Journal*, Vol. 17, pp. 197-218. である．本章も，主にこの論文の記述に依拠して書かれている．
2) Innovator's dilemma は，いうまでもなく正確な訳語は「イノベーターのジレンマ」であり，イノベーションを起こしてリーダーになった企業に生じるジレンマのことを指している．しかし，クリステンセン（1997）の邦訳タイトルでは「イノベーションのジレンマ」との訳語が当てられ，また，一般的にも普及した用語であることから，本章では「イノベーションのジレンマ」を使うこととする．
3) どのようにさまざまな情報が加工されてトップへと上げられるのかについて，組織内ではミドルマネジャー間での争いが展開される．こうした争いは，バーゲルマン（2002）によって，戦略の自然淘汰モデルとよばれ，マイクロプロセッサを製造するインテルの戦略転換を事例に詳細な事例研究が行われている．

参考文献

Bower, J. L., *Managing the Resource Allocation Process: A Study of Corporate Planning and Investments,* Harvard Business School Press, 1970.

Burgelman, R. A., "A Model of the Interaction of the Strategic Behavior, Corporate Context, and the Concept of Strategy", *Academy of Management Review,* Vol. 8, 1983, pp. 61-70.

Burgelman, R. A., *Strategy is Destiny: How Strategy-Making Shapes a Company's Future,* Free Press, 2002.（石橋善一郎・宇田理監訳『インテルの戦略―企業変貌を実現した戦略形成プロセス―』ダイヤモンド社，2006年）

Christensen, C. M. and J. L. Bower, "Customer Power, Strategic Investment, and The Failure of Leading Firms", *Strategic Management Journal,* Vol. 17, 1996, pp. 197-218.

Chrisntensen, C. M., *The innovator's dilemma: when new technologies cause great firms to fall*, Harvard Business School Press, 1997. (伊豆原弓訳『イノベーションのジレンマ―技術革新が巨大企業を滅ぼすとき―』翔泳社, 2000年)

Foster, R. N., *Innovation: The Attecker's Advantage*, Summit Books, 1986. (大前研一訳『イノベーション―限界突破の経営戦略―』TBSブリタニカ, 1987年)

Henderson, R. M. and K. B. Clark, "Architectural Innovation; The Reconfiguration of Existing Product Technologies and the Failure of Established Firm", *Administrative Science Quarterly*, Vol. 35, 1990, pp. 9-30.

Leonard-Barton, D., "Core Capabilities and Core Rigidities: A Paradox in Managing New Product Development", *Strategic Management Journal*, Vol. 13, 1992, pp. 111-125.

Miller, D., *The Icarus Paradox: How Exceptional Companies Bring About Their Own Downfall*, Harper Business, 1990.

Pfeffer, J. and G. R. Salancik, *The External Control of Organizations: A Resource Dependence Perspective*, Haper & Row, 1978.

Sull, D. N., "Why good companies go bad", *Harvard Business Review*, Jul/Aug, 1999, pp. 42-50.

Tripsas, M. and G. Gavetti, "Capabilities, Cognition, and Inertia: Evidence from Digital Imaging", *Strategic Management Journal*, Vol. 21, 2000, pp. 1147-1161.

第17章 戦略を業務上の言葉に置き換える
➤キャプラン=ノートン

第1節 背景と問題意識

　本章では，バランスト・スコアカード（Balanced Scorecard; BSC）という戦略実行のマネジメント・システム[1]について考察する．BSC は当初，戦略の策定に関わるものではなく，米国流の戦略計画に変わるものとして提案された．そのような背景には，1970年代から1980年代まで米国経済が停滞していたことが関係する．

　伝統的な米国企業の問題として，財務データへの偏重をあげることができる．財務データへの偏重とは，戦略計画の立案と組織のコントロールにおいて財務データによる管理に偏る傾向のことである．

　もともと米国では株主（主に機関投資家）が経営に口出しをする文化が強い．これらの"もの言う株主"にもわかりやすいように，戦略計画は財務データで作成される事業計画や予算編成が中心であった．また，経営者の業績はいかに少ない使用資本で多くの利益を稼ぎ出したかで評価される．株主から利益の向上や使用資本の圧縮を強く求められるせいで，経営者は短期的な財務業績の向上だけをめざすようになり，長期を見通した投資を控えるようになった．

　さらに，現場を無視して財務成果だけを狙う経営感覚は，現場のモラール低下を引き起こした．そもそも財務データで示された戦略計画だけで，現場が自社の戦略を理解できるものではない．そのせいで戦略が策定されても現場まで

第17章　戦略を業務上の言葉に置き換える　▶キャプラン＝ノートン　185

うまく伝わらず，戦略が実行されなくなってしまった．

　長きにわたり米国経済が停滞した理由には，上のような要因もある．しかし，1980年代の中ごろから，米国の経営学者と一部の企業は，世界経済を席巻していた日本企業の経営手法を熱心に研究し，米国流の経営スタイルの改善を試みた．そのひとつが方針管理（Hoshin Management）である．

　日本で生まれた方針管理は，組織が一丸となって効率的に戦略計画を実現するための継続的改善活動である．方針管理では，戦略から策定された戦略計画（日本では中期経営戦略とよばれる）をもとに，具体的な目標とそれを達成する重点方策を示した短期経営方針を設定する．それを社長から本部長，本部長から部長，部長から係長といったように組織の下層まで展開する．これを方針展開という（図表17－1参照）．

　方針展開の過程で，経営者にとってわかりやすい財務データの戦略計画が，現場にとってわかりやすい業務遂行計画へと徐々に変換されていく．方針展開は，現場がわかりづらい戦略計画を，わかりやすい現場の言葉に置き換えて，組織中に浸透させる役割をしていた．方針管理の優れたところは，目標を実現するための重点方策を組織全体で徹底的に改善していくことにある．

　方針管理では，目標が達成されたか，方策をうまく実施しているかを管理するのに，財務指標と非財務指標（たとえば品質や顧客満足度などの指標）の双方を使う．方針管理を採用していた日本企業では財務指標に偏らずバランスのよい指標で管理することで戦略に沿った適正な行動を組織全体で促し，戦略を実行できる体制をとっていた．[2]

　米国企業は，方針管理がもつ組織全体へ戦略を浸透させて戦略の実行を促す機能に注目した．1980年代の終わりには，アナログデバイス社などの先進的企業が方針管理を米国流にアレンジして，財務偏重の戦略計画を改良するようになった．そして1992年，ハーバード大学のキャプラン（Kaplan, R. S.）とコンサルタントのノートン（Norton, D. P.）は，米国流にアレンジされた方針管理をもとにBSCとして体系化させた．

図表17－1　方針展開

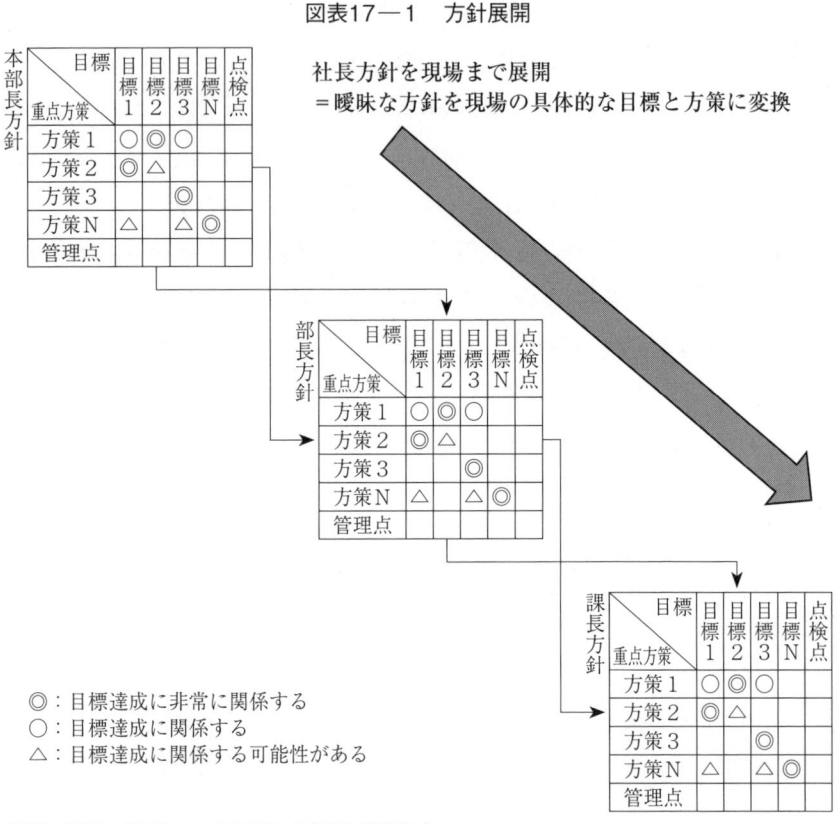

社長方針を現場まで展開
＝曖昧な方針を現場の具体的な目標と方策に変換

本部長方針

重点方策＼目標	目標1	目標2	目標3	点検点
方策1	○	◎	○	
方策2	◎	△		
方策3			◎	
方策N	△		△	
管理点				

部長方針

重点方策＼目標	目標1	目標2	目標3	目標N	点検点
方策1	○	◎	○		
方策2	◎	△			
方策3			◎		
方策N			△	◎	
管理点					

課長方針

重点方策＼目標	目標1	目標2	目標3	目標N	点検点
方策1	○	◎	○		
方策2	◎	△			
方策3			◎		
方策N	△		△	◎	
管理点					

◎：目標達成に非常に関係する
○：目標達成に関係する
△：目標達成に関係する可能性がある

出所）高須久（1997, pp. 107-108）を参考に筆者作成

　このように BSC は財務偏重の戦略計画に変わるものとして提案された．そのような背景から，BSC は戦略の策定でも形成でもなく，戦略の実行に着目していた．

第2節　理論的フレームワーク ―戦略実行のマネジメント―

　BSC の論理的フレームワークは改良されつづけている．キャプラン＝ノートンは，積極的に BSC 導入のコンサルティングを行って理論の検証を行い，

そこから得られた新しい知見をフィードバックさせて理論を発展させていった[3]．

この発展経緯のなかで，BSCのほかにも戦略マップ，戦略的ポートフォリオ，アラインメント・マップなどのツールが追加された．ここでは戦略マップとBSCの役割を中心にとりあげて，戦略実行のマネジメントについて考察しよう．

(1) 戦略マップによる戦略の可視化

戦略マップ（Strategy Map）は，戦略を可視化（見える化）するものである．戦略を立案しながら，戦略マップを用いて戦略を記述していく（図表17—2）．

戦略マップによって戦略を可視化するためには，利益が生まれて長期の株主価値が増大するまでの流れとして戦略を表現する．第1に，戦略目標を設定する．戦略目標とは，戦略を具体的な達成目標として示したものである．

第2に，それらの戦略目標間の因果連鎖（下から上に流れる原因と結果の連鎖）を考える．因果連鎖を考えるとき，4つの視点という区分ごとに戦略目標を配置する．4つの視点とは，財務の視点，顧客の視点，内部プロセスの視点，学習と成長の視点である．学習と成長の視点が利益を生み出す源泉，財務の視点が最終的な成果（利益や株主価値）という位置づけになる．

財務の視点では，株主や金融機関に対する財務成果に関わる戦略目標を設定する．財務の視点からみれば，長期の株主価値を上げるには，生産性を上げてコストを下げるか，売り上げ（収益）を増やすかのいずれかを行い，利益を増大させる必要がある．図表17—2では，左2つが生産性向上，右2つが収益増大に関わる戦略目標である．

顧客の視点では，顧客への価値提案（お客様へ提供する価値）の詳細を明らかにする戦略目標を設定する．利益を生み出すためには，顧客に製品やサービスを購入してもらえるだけの価値を提案しつづけなければならない．図表17—2では，顧客へ提供する価値に関わる戦略目標が5つある．

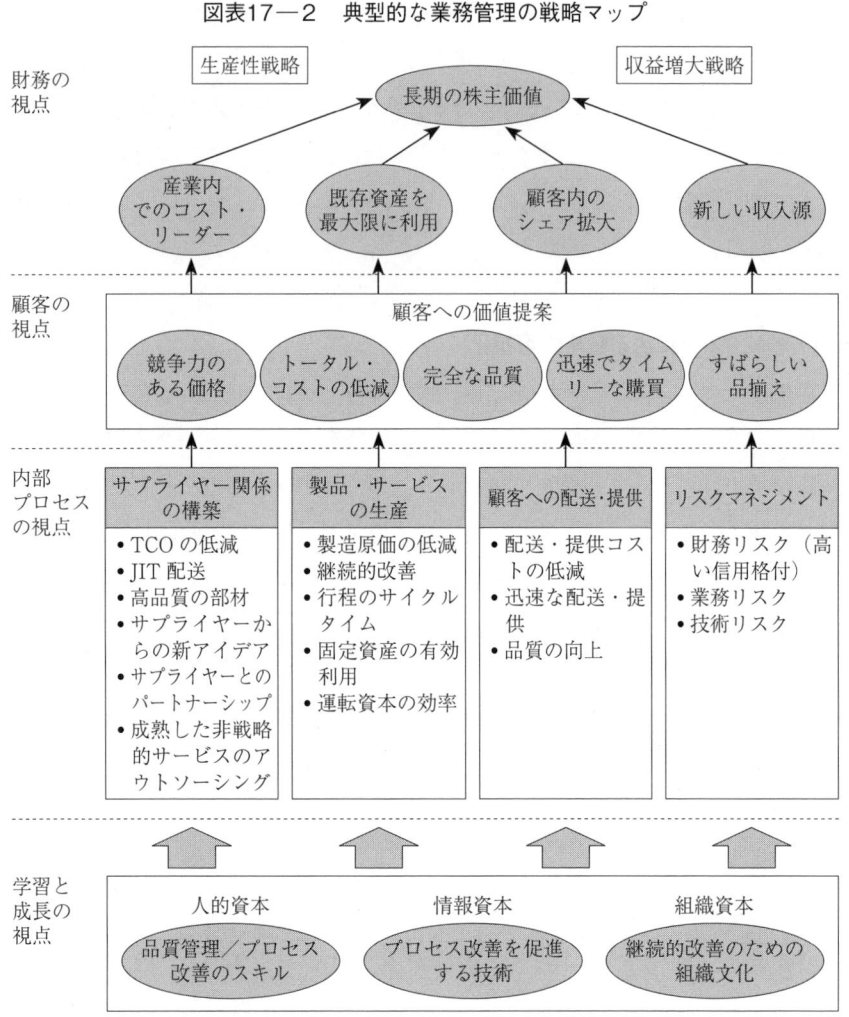

図表17—2 典型的な業務管理の戦略マップ

財務の視点

生産性戦略 / 収益増大戦略

長期の株主価値

- 産業内でのコスト・リーダー
- 既存資産を最大限に利用
- 顧客内のシェア拡大
- 新しい収入源

顧客の視点

顧客への価値提案

- 競争力のある価格
- トータル・コストの低減
- 完全な品質
- 迅速でタイムリーな購買
- すばらしい品揃え

内部プロセスの視点

サプライヤー関係の構築	製品・サービスの生産	顧客への配送・提供	リスクマネジメント
・TCOの低減 ・JIT配送 ・高品質の部材 ・サプライヤーからの新アイデア ・サプライヤーとのパートナーシップ ・成熟した非戦略的サービスのアウトソーシング	・製造原価の低減 ・継続的改善 ・行程のサイクルタイム ・固定資産の有効利用 ・運転資本の効率	・配送・提供コストの低減 ・迅速な配送・提供 ・品質の向上	・財務リスク（高い信用格付） ・業務リスク ・技術リスク

学習と成長の視点

- 人的資本：品質管理／プロセス改善のスキル
- 情報資本：プロセス改善を促進する技術
- 組織資本：継続的改善のための組織文化

出所）Kaplan, R. S. and D. P. Norton（2004, p.67）

　内部プロセスの視点では，顧客への価値提案を生み出すには組織内の業務プロセスをどのように構築しなければならないかが明らかになる．**図表17—2**では，4つの業務プロセスが顧客に価値を提案するカギとなる業務として示さ

第17章　戦略を業務上の言葉に置き換える　▶キャプラン＝ノートン

れている．

　学習と成長の視点では，企業価値創造の源泉として無形の資産（人的資本，情報資本，組織資本）をどのように整備するかを明らかにする．必要な無形の資産をすべて揃えて，組織に蓄積していかなければ，内部プロセスを実行できるようにはならない．

　キャプラン＝ノートンの戦略論において注意したいのは，戦略テーマという概念である．戦略テーマとは，戦略の内容をいくつかの"利益が生み出されるまでのシナリオ"として細分化したものである．キャプラン＝ノートンは，利益が生み出されるシナリオとして戦略を図式化できれば，組織全体で共有できると考える．

　戦略テーマ，すなわち利益が生み出され，長期の株主価値が増大するシナリオを概観してみよう．第1に，学習の成長の視点に関わる無形の資産が揃うことで，顧客への価値提案を実現するための内部プロセスが実現可能となる．第2に，内部プロセスが実現され，顧客への価値提案ができるようになる．第3に，顧客によって価値が認められるようになれば，利益が生み出される．第4に，利益が増大すれば，長期の株主価値も増大する．

　戦略マップは戦略テーマごとに作成する．利益が生み出され，その結果として長期の株主価値が向上するまでのシナリオは，組織のなかにいくつもある．それぞれのシナリオについて，戦略マップの下から上に流れる戦略目標の因果連鎖で表現する．

　戦略テーマには，典型的に業務管理のテーマ，顧客管理のテーマ，イノベーション（新製品／新サービス）のテーマ，規制と社会のテーマがある[4]．図表17―2は，業務管理のテーマに関わる戦略マップである．

　このような戦略テーマを記述できれば，経営者に対して持続的成長をめざしたバランスよい配慮を促すことができる．たとえば，短期的な財務成果に偏重することなく，長期的な視野をもって人材育成への投資，業務プロセスの整備を行うようになる．ほかにも，業務管理だけでなく，新製品の開発にも力を入

れるようになる．

(2) BSC による戦略の業績評価

　戦略マップを作成したのちに，BSC を作成する．BSC は業績評価指標の一覧表である．BSC で評価するのは，戦略マップで記述した戦略がうまく実行され，成果が生み出されているか否かである．

　図表17－3は，業務管理の戦略テーマに関するビジネスユニットレベルの BSC の一例である．第1に，戦略マップの戦略目標に対応させて業績評価指標を設定する．第2に，業績評価指標ごとに目標値を設定する．その目標値がどれだけ達成されたか否かで戦略がどれくらい達成されたかが明らかになる．第3に，戦略目標を達成するためのイニシアティブ（initiative）を設定する．イニシアティブとは，戦略目標を達成するための戦略的なプログラムである．戦略を実行するために具体的にどのようなイニシアティブが必要で，どれほどの予算が必要となるかを決めなければならない．

　BSC が作成されたら，目標値が達成できているかを定期的にレビューする．目標値を達成できていない指標があれば，そこに戦略を実行できない問題が生じていることになる．指標によって問題を特定できたら，戦略の実行を阻害する要因を見つけ出して改善を行う．イニシアティブがうまく実現できていなければ，そのイニシアティブを促進させる措置がとられる．

　他にも，戦略目標と指標がうまく対応していないような欠陥があれば修正される．そもそも戦略が間違っていると判断されれば，戦略マップの見直しもすぐさま実施される．

　BSC では，戦略目標に対応した業績評価指標をうまく設定できれば，組織が戦略どおりの行動をするようにできると考える[5]．日本の方針管理と同じように，図表17－3のようなビジネスユニットレベルの BSC を，個人レベルのスコアカードとして組織下層にまで展開する．その過程で，スコアカードに含まれる指標は，現場の言葉に置き換えられ，財務指標から業務に関する管理指標

図表17-3　業務管理のバランスト・スコアカード

プロセス：業務管理
戦略テーマ：地上での折り返し

戦略マップ		BSC		イニシアティブ	
	戦略目標	指標	目標値	実施項目	予算
利益とRONA／機体の減少／収益増大	・収益性 ・収益増大 ・機体のリース費の減少	・市場価値 ・座席の収益 ・機体のリース費用	・毎年30％増 ・毎年20％増 ・毎年5％増		
より多くの顧客の誘因と維持／最低の価格	・より多くの顧客を誘引し、維持する ・定刻の発着 ・最低の価格	・リピート客数 ・顧客数	・70％ ・毎年12％増	・CRMシステム実施 ・品質管理 ・顧客ロイヤルティ・プログラム	・$XXXX ・$XXXX ・$XXXX
定刻の発着／地上での迅速な折り返し	・地上での迅速な折り返し	・FAA定刻到着 ・顧客のランキング ・地上滞在時間 ・定刻出発	・第1位 ・第1位 ・30分 ・90％	・サイクルタイムの最大活用	・$XXXX
戦略的な業務／駐機場係員／戦略的システム／係員の配置／地上係員の方向付け	・必要なスキルの開発 ・支援システムの開発 ・地上係員の戦略への方向付け	・戦略業務のレディネス ・情報システムの利用可能性 ・戦略意識 ・地上係員の持株者数の割合	・1年目 70％ ・2年目 90％ ・3年目 100％ ・100％ ・100％ ・100％	・地上係員の訓練 ・係員配置システムの始動 ・コミュニケーション・プログラム ・従業員持株制度	・$XXXX ・$XXXX ・$XXXX ・$XXXX
				予算総額	$XXXX

出所）Kaplan, R. S. and D. P. Norton (2004, p. 53)

に変換されていく．これまでに業績評価が財務指標に偏ることが問題だと指摘した．BSCでは，方針管理のように，財務指標と非財務指標をバランスよく用いる．

現場レベルにまで業績評価指標を展開すれば，組織全体で指標の目標値を達成しようとする．極論をいえば，目標値を達成しなければ解雇されてしまうなら，だれでもその指標の数値を上げて目標値を達成するために躍起になるだろう．このような業績評価システムは本質的に組織行動をコントロールする機能を有している．BSCは，戦略の実行を促す業績評価システムとして用いられる．

(3) BSCによるダブル・ループ学習

BSCが登場するまで，戦略を組織に伝達する役割をなにがもっていたのか．管理会計論では，戦略計画や予算管理が従業員に戦略を伝達する役割があるとされてきた．予算とは，組織の部署ごとにヒト・モノ・カネに関わる経営資源をどのように配分するかを財務データで示したものである．

"理論的には"，予算は戦略を反映して編成されることになっている．第1に，策定された戦略をもとに，3～5年間を展望した戦略計画を策定する．第2に，戦略計画に基づき，短期利益計画を立案する．第3に，その利益計画をもとに年度予算を編成する．

しかしながら，実際には予算編成の際に「前年度比〇〇％」といった簡単な方法で予算を決めることすらある．そのため，どれだけ戦略をきちんと反映しているかは管理会計論においても疑問視されてきた．

また，戦略をきちんと反映した予算のとおりに業務が執行されたとしても，その戦略が間違っていればどうしようもない．しかし，予算どおりに業務を執行しなければ減給されるようなら，たとえ戦略の間違いがわかっていても現場は予算で決められたとおりの業務を執行してしまう．財務に偏重する米国企業では，そのような逆機能が問題となっていた．

第17章 戦略を業務上の言葉に置き換える　▶キャプラン=ノートン　193

しかし，キャプラン=ノートンは，戦略マップと BSC を使えば従来の戦略計画や予算管理にある問題点を解決できるという見解をとる．キャプラン=ノートンは，コンサルティングの経験から，戦略マップと BSC には，機敏かつ柔軟に戦略を微調整できるようになる機能があることを発見した．

アージリス=ショーン（Argyris, C. and Schön, D.）は，組織学習の種類としてシングル・ループ学習とダブル・ループ学習を示した．予算管理はシングル・ループ学習を促す典型例である（図表17―4左）．たとえば，予算管理では，戦略を一定のものとして捉え，問題が生じた場合は予算を見直すことで対処する．つまり，予算管理は業務活動の改善だけを行う業務管理に関わる学習ループしかない．

他方，戦略マップと BSC があれば，戦略そのものに問題がある場合に戦略を修正する学習ループが付け加えられる（図表17―4右）．このようなループを

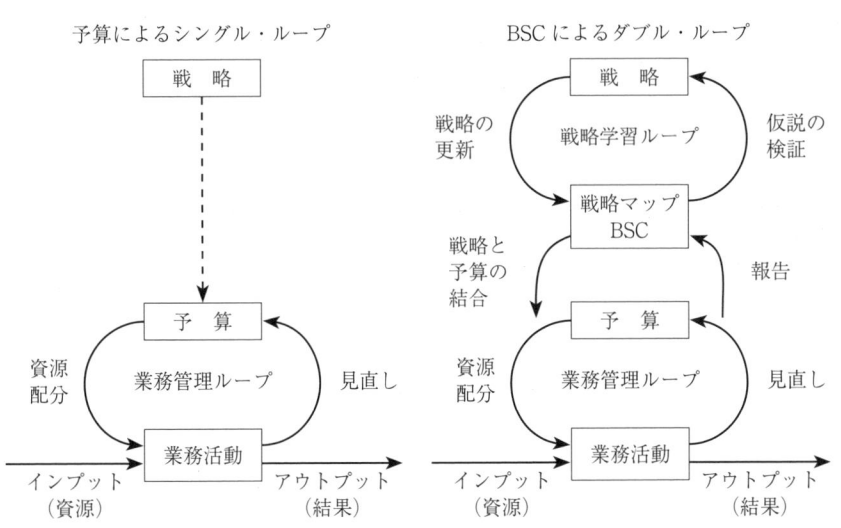

図表17―4　戦略マップと BSC によるダブル・ループ学習

出所）Kaplan, R. S. and D. P. Norton（2004, pp. 274-275）を基に筆者作成

戦略学習ループという．

第1に，財務データである予算をBSCに含まれる多様な指標とともに管理する．そうすることで，バランスよく業務管理ループが機能するように補強できる．第2に，戦略に問題があるとわかったら，戦略を修正し，戦略マップを書き直す．そして，書き直した戦略マップに応じてBSCも再変更される．

戦略マップとBSCは，これまで財務データだけに偏った戦略計画に変わるものとして提案されている．キャプラン＝ノートンは戦略マップとBSCは従来のような予算とは異なり，組織のダブル・ループ学習を阻害するものではないと主張する．場合によっては，現場で得られるソフトデータ（人間の直感など）に基づき戦略を修正する機能もあるという．

(4) いくつもの戦略観を1つの戦略マップへ

キャプラン＝ノートンはいくつもの戦略論の影響を受けている．ただし，それらの戦略論を尊重しながらも，批判的な見解ももっている．戦略の記述について各論者はそれぞれ一側面について論じているに過ぎず，包括的で統合的な全体像を提供していないという見解である．

キャプラン＝ノートンは本来の戦略は株主価値，顧客管理，プロセス・マネジメント，品質，コア・ケイパビリティ，イノベーション，人的資源，IT，組織設計，組織学習など多くの概念に関わるものだとする．その結果，ポーター（Porter, M. E.），ハメル＝プラハラード，ミンツバーグ，センゲ，アージリス＝ショーン，コリス＝モンゴメリなど，先行研究における戦略観を広く取り入れようとした．

たとえば，戦略マップにおける因果連鎖の概念は，ポーターの戦略観，とりわけ戦略フィットの考え方が色濃くでている（第11章参照）．顧客の視点はどのように競争優位のポジショニングをとるかを表し，内部プロセスの視点と学習と成長の視点では，それに必要な業務プロセス，人材，組織について記述する．しかし，戦略の全体像を記述して可視化しようとする戦略マップにとって

は，ポーターのポジショニングアプローチでも，戦略の全体像とはなっていないという[6]．他方，学習と成長の視点には，競争優位を生み出す組織の資源や能力に着目する資源ベースの戦略論も反映させようとしているのだろう．

それぞれの戦略論が統合的な全体像を提供しないという指摘は，実際の企業にも当てはまる．キャプラン＝ノートンは大学研究者の見識の狭さを指摘したようにもみえる．しかし本当のところ，企業では自分の立場（責任範囲や専門領域）だけで捉えようとして全体を見ようとしない人間が多いことを指摘したかったのだろう．

たとえば経営者は株主から財務成果の向上を迫られるので，戦略を財務の切り口から捉えようとする．アナリストたちは，それぞれの専門領域や関心事から，市場でのポジショニングや，人的資源などの個別専門的な切り口から戦略を捉えようとする．現場の人間は，自分が戦略とは無関係だと思っていて業務執行だけに執心する．

企業では，立場やキャリアに応じて，個々の別の切り口で物事を捉えようとすることがよくある．組織の中は自分の仕事以外はわからないスペシャリストであふれ，組織内においてバラバラな言葉が行き交う．

戦略マップと BSC の前提には，戦略の実行において，それぞれ違う立場の人がなんらかの貢献をしているという考え方がある．戦略マップを使えば，さまざま立場の人が4つの視点に分かれながらも同じ土俵の上で，それぞれの役割の関係性を意識しながら議論できる．その議論のなかで，現場にあるソフトデータを取り込むことがうまくできれば，ダブル・ループ学習による戦略の修正もできるようになる．

第3節　現代的意義

ここではキャプラン＝ノートンの戦略論の意義について考察しよう．BSCが提案された背景には，米国企業における財務データへの偏重があった．財務

データに偏重して短期志向にならず，持続的に成長できるようにバランスの良い指標を扱うという目的があった．この場合のバランスとは，長期と短期，財務と非財務，戦略と戦術，効率（efficiency）と効果性（effectiveness），経営者や中間管理職や現場，目標と方策など多くの含意がある．

BSCは，米国企業における問題を解決する手段として大いに関心を集め，1998年の時点で，Fortune1000社のうち60％の企業が導入または試行するに至っている[7]．それだけ財務への偏重によって業績が悪化し，戦略がうまく実行できないという問題意識が強かったのだろう．

たしかに最初はBSCだけが用いられた．しかし，キャプラン＝ノートンがBSCの導入コンサルティングを進めるうちに，戦略をうまく反映するように指標を設定できないという実務上の問題を発見した．この問題を解決するために戦略マップが生み出された．

次に，学習と成長の視点をうまく記述できないという問題が浮かび上がった．そこで内部プロセスを実行するために必要となる無形の資産（人的資源，IT，組織文化）を特定するために，戦略的ポートフォリオというツールを生み出した．

さらに，それぞれの戦略的事業単位ごとにつくる戦略マップをいかに全社レベルでつなぎ合わせればよいかという問題がでてきた．そこでアラインメント（alignment）という概念をもちだし，全社レベルのシナジーを生み出すためのマネジメント方法を考案した．

キャプラン＝ノートンの戦略論はコンサルティングを活用した研究方法によって世の中のニーズを取り込み，現在でもなお改良されている．キャプラン＝ノートンの戦略論の現代的意義は，実践の場から生の声を取り入れることのできる，その研究アプローチにあるのではないだろうか．

最後に，日本企業におけるBSCの意義について検討しよう．バブル崩壊以降，我を失ったかのように米国流を取り入れようとしている．この風潮にのって，BSCへの関心も非常に高い．ただし，日本企業でのBSCの意義には2通

第17章　戦略を業務上の言葉に置き換える　▶キャプラン＝ノートン

りがあるように思える．

　第1に，財務への偏重を危惧してBSCを導入する企業である．近年，外国人株主（機関投資家やファンド）による日本企業の株式の保有割合が高まった．そのせいで日本企業も株主を重視する経営を迫られ，EVA[8]などの財務指標を重視する企業が現れてきた．ただし，EVAのような財務指標に偏るとかつての米国企業と同じになってしまうため，BSCを実施してバランスをとろうとする企業もある．たとえば，キリンビールはEVAを導入したあとに，BSCを導入して財務に偏重しないように工夫した．

　第2は，戦略なき経営からの脱却を試みる企業である．いままで戦略とはなにかを考えてこなかった企業が，生き残りをかけて戦略を考えなければならなくなった．その起爆剤として，BSCを導入しようというのである．

　1990年代まで日本企業は高品質低価格の製品を提供して大きく成功した．しかし，1980年代〜90年代初めにかけての日米経済摩擦問題を背景とした米国からの経済圧力，アジア諸国が生産する低コスト製品により，日本はその地位を失ってきている．しかし，長年にわたり高品質低価格の追求以外のことをしてこなかった日本企業は，次の戦略を探して大きく迷走している．

　誤解を恐れずにいえば，日本企業は高品質低価格を追求すること以外には疎い．その状況を打破し，自社の戦略を考え直すための起爆剤として，戦略マップとBSCを導入しようとしている．つまり，このような企業は，本来は戦略を"実行"するためのマネジメント・システムであるBSCを，戦略の"策定"のために活用としている．それを本道から外れた導入法とみるか，日本的経営を補完するための優れた導入法とみるかは，今後の研究が必要であろう．

注
1）後述するように，BSCのほかにもいくつかのマネジメント・ツールを用いる．実際には，BSCだけでは戦略実行のシステムとしてうまく構築できないため，戦略マップとBSCが少なくとも必要となる．BSCを中心としたツール群をまとめたマネジメント・システムを広い意味でBSCとよぶことも多い．

2）財務データが重要であるのは変わらない．バランスが重要であることにくれぐれも注意してほしい．たとえば，経営学を学ぶ学生諸君も，常識として財務や会計に関する知識は必要である．そうしないと，本当に戦略に関わる立場になったときに，あらためて悔やむことになるだろう．

3）この研究方法をイノベーション・アクション・リサーチという．キャプラン＝ノートンは，Balanced Scorecard Collaborative, Inc. というコンサルティング企業を創設して，多くのコンサルタントを育てた．そのため，キャプランを「研究者でなく，コンサルタント」と皮肉る声もある．

4）戦略テーマの典型的な分類については，業務管理のテーマ，顧客管理のテーマ，イノベーションのテーマの3つは，トレーシー＝ウィアセーマ（Treacy, M. and F. Wiersema）の見解を取り入れたものである．ただし，リスクマネジメント，CSR（Corporate Social Responsibility；企業の社会的責任）なども長期的に利益を生み出すのに重要だとして，規制と社会のテーマを4つめとした．

5）管理会計論という学問が誤解されていることが多いので指摘しておくが，管理会計論では戦略計画と業績評価による組織行動の統制について学ぶ．それは第8章に記述されているマネジメントコントロールを中心に展開される．

6）Kaplan, R. S. and D. P. Norton, *Strategy Maps: Converting Intangible Assets into Tangible Outcomes,* Harvard Business School Press, 2004, p. 5.

7）Silk, S., "Automating the Balanced Scorecard", *Management Accounting,* Vol. 79, No. 11, May, 1998, p. 39.

8）EVA は米国 Stern Stewart 社の登録商標である．

参考文献

Argyris, C. and D. A. Schön, *Organizational Learning II,* Addison-Wesley Publishing Company, 1996.

Collis, D. J. and C. A. Montgomery, "Competing on Resources: Strategy in the 1990s", *Harvard Business Review,* July-August 1995, pp. 118-128.

Hamel, G. and C. K. Prahalad, *Competing for the Future,* Harvard Business School Press, 1996.（一条和生訳『コア・コンピタンス経営：大競争時代を勝ち抜く戦略』日本経済新聞社，1995 年）

Kaplan, R. S. and D. P. Norton, "The Balanced Scorecard ――Measures that Drive Performance", *Harvard Business Review,* January-February, 1992.（本田桂子訳「新しい経営指標"バランスド・スコアカード"」『Diamond ハーバードビジネス』1992 年 4 ― 5 月号，pp. 81-90）

Kaplan, R. S., "Innovation Action Research: Creating New Management Theory and Practice, *Journal of Accounting Research,* Vol. 10, 1998, pp. 89-115.

Kaplan, R. S. and D. P. Norton, "Having Trouble with your Strategy? Then Map it," *Harvard Business Review,* September-October, 2000, pp. 167-176.（伊藤嘉博監訳「バランスト・スコアカードの実践ツール：ストラテジー・マップ」『Diamond ハーバードビジネスレビュー』2001 年 2 月号, pp. 28-41）

Kaplan, R. S. and D. P. Norton, *The Strategy-Focused Organization,* Harvard Business School Press, 2001.（櫻井通晴監訳『キャプラン・ノートンのバランスト・スコアカード』東洋経済新報社, 2001 年）

Kaplan, R. S. and D. P. Norton, *Strategy Maps: Converting Intangible Assets into Tangible Outcomes,* Harvard Business School Press, 2004.（櫻井通晴・伊藤和憲・長谷川惠一監訳『戦略マップ』ランダムハウス講談社, 2005 年）

Kaplan, R. S. and D. P. Norton, *Alignment: Using the Balanced Scorecard to Create Corporate Strategy,* Harvard Business School Press, 2006.（櫻井通晴・伊藤和憲監訳『BSC によるシナジー戦略』ランダムハウス講談社, 2007 年）

Porter, M. E., "What Is Strategy?", *Harvard Business Review,* November-December, 1996.（中辻萬治訳「戦略の本質」『Diamond ハーバード・ビジネス』, 1997 年 2 月—3 月号, pp. 6-31）

Schuneiderman, A. M., "The First Balanced Scorecard: Analog Devices, 1986-1988", *Journal of Cost Management,* September-October, 2001, pp. 16-26.

Senge, P., The Fifth Discipline: The Art and Practice of the Learning Organization, Doubleday, 1994.（守部信之他訳『最強組織の法則：新時代のチームワークとは何か』徳間書店, 1995 年）

Treacy, M. and F. Wiersema, *The Discipline of Market Leaders: Choose Your Customers, Narrow Your Focus, Dominate Your Market,* Addison-Wesley, 1995.（大原進訳『ナンバーワン企業の法則』日本経済新聞社, 2003 年）

第18章

実践としての戦略
➤ウィッティントンらによるS-as-P研究コミュニティ

第1節　背景と問題意識

　実践としての戦略（Strategy-as-Practice：以後，S-as-Pと略す）研究は，2000年代から欧州の研究者を中心に関心を集めている戦略論研究の新しい見方である．同研究に関するオンラインコミュニティの「Strategy-as-Practice」のメンバー数は2000人を超え，欧州のメジャーな学会誌でも同分野に関する特集号が組まれたりしている．本章は，S-as-P研究が登場した背景はどのようなものか，そして，どのようなアジェンダに取り組もうとしているのかについて，考察を行っていきたい．

　この章を読む上で留意しておいてほしいことがひとつある．それは，S-as-P研究は，ひとつの学派とよぶほど強固に結びついた研究集団ではないという点である．元々，「実践（practice）」に着目する考え方は，経営学領域から生じたものではない．実践に関する理論は，ブルデューやセルトー，ギデンズらの社会学的・哲学的研究がもとになっている．また，近年では認知科学の分野から実践コミュニティ（communities of practice）の視点が提示される（Lave and Wenger, 1991）など，さまざまな研究領域から実践に対する関心が高まりをみせてきている．これらの研究は，組織論研究にまず取り入れられ（e.g., Brown and Dugid, 1991），戦略論研究にも波及し，哲学的・思想的関心を非常にゆるやかに共有する研究コミュニティが形成された．それがS-as-Pである．それゆ

第18章　実践としての戦略　▶ウィッティントンらによるS-as-P研究コミュニティ　201

えに，特定のリサーチのための枠組みも，「S-as-Pではこのポイントに厳密に焦点を当てる」などといった視点も厳密に定まっているわけではない．あくまでも，「実践」という観点から戦略をみた場合に，どのような新しい事がいえるか，みえてくるかを模索しているゆるやかな研究コミュニティの動きがS-as-Pであるといえるだろう．

第2節　理論的フレームワーク —プロセスからプラクティスへ—

(1) 理論と現実のギャップ

　S-as-P研究の中心的研究者の一人であるウィッティントン（Whittington, R.）は，1993年に著した本の冒頭で，次のように述べている．「戦略経営と銘打った本が37冊も出版されている．それらの多くは，チャートとリストと妙薬とが満載された分厚い学術書で，読者に企業戦略の基本原理はこうだと説いている．（中略）もし，企業戦略の秘密が25ポンドで手に入れられるのであれば，われわれは何も経営者にたくさん給料を払わなくてもいいはずだ」（Whittington, 1993: 1）．この皮肉に満ちた表現が意味するのは，分厚い戦略論のテキストに書かれている知識に代表される「形式化された知識」と，実際に組織で人びとが行っている戦略との間に存在しているギャップの存在である．理論と現実のギャップといっても良いかもしれない．では，このギャップはなぜ生み出されるのか，そして，このギャップはいかにして埋められるのだろうか？　S-as-P研究は，この点を実践という角度から考えていこうとしているのである．

　S-as-P研究の研究上の特徴をよく表している言葉に，戦略とは「組織が持っているもの（something organization have）」ではなく，「人びとが行うもの（something that people do）」（Johnson, G. et al., 2007）だという言葉がある．たとえば，高級ブランドはポーターの3つの基本戦略のうち差別化—集中戦略をとっているところが多い．しかし，こうした戦略は経営者が考えたり，策定した

りするだけでなく，組織メンバーが「我が社は特定のお客様に対して差別化された商品である」という戦略に即した思考と，そうした戦略に即した行為の両方を必要とする．しかしながら，組織メンバーが戦略に即して考えたり，戦略的な行いをしたりする側面については，旧来の戦略論研究は看過してきた．S-as-P研究では，この「戦略を行う（doing strategy）」ことについて考えるのである．

　実践としての戦略のパースペクティブをテーマとして書かれた論文の中で最初のものは，おそらく『ロング・レンジ・プランニング（*Long Range Planning*）』誌に1996年に掲載されたウィッティントンの論文「実践としての戦略」（"Strategy as Practice"）であろう．この論文の中でウィッティントンは，戦略論研究を政策（Poilicy），計画策定（Planning），プロセス（Process）そして，実践（Practice）の4つのPで分類し，この中の実践が新たな戦略論研究のアジェンダであると主張する（**図表18−1参照**）．

図表18−1　戦略の4つのパースペクティブ

		分析レベル	
		組織	マネジャー
研究課題	どこで	政策 （Policy）	計画 （Planning）
	どうやって	プロセス （Process）	実践 （Practice）

出所）Whittington, R.（1996p. 732）より引用

図中左上の政策とは，ハーバード・ビジネス・スクールで展開されてきた経営政策（business policy）に関する研究であり，アンドルーズ（Andrews, 1971）が代表的である．また右上の計画とは，アンゾフ（Ansoff, 1965）やボストン・コンサルティング・グループのPPM分析，そしてポーターの競争戦略論（Porter, 1980）などを指す．これら2つの研究パースペクティブがもつ前提は，戦略は経営者（戦略家）によって熟考の結果生み出される意図的，かつ，合理的な計画であるという考え方である．このような考え方が，先ほど紹介したウィッティントンのテキストに書かれていた皮肉が示した形式的知識と実践との間のギャップを生み出していることは直感的にはわかる．

しかし，このギャップをどのように説明するのかについては，これまで大きく3つの観点から理解されてきた．ひとつ目は，1990年代に流行したリエンジニアリング（Hammer and Champy, 1993）の考え方であり，旧来の政策研究や計画研究と類似する考え方である．**図表18-1**では，上2つの象限（とくに計画の象限）に該当するといえるだろう．2つ目は，戦略プロセスについての研究であり，**図表18-1**では左下に位置している．この研究パースペクティブは1970年代の終わりから戦略論研究で展開された．そして最後のひとつが右下に位置する実践の立場からの説明であり，本章で論じていくものである．

戦略に対する形式的知識と実現される戦略との間のギャップを乗り越えるべく展開されたこれら3つの視点について，まず，実践という考え方を理解すべく，リエンジニアリングと実践の考え方の対比から考察を行う．次に，戦略論研究上で実践の考え方がもつ意義を考えるために，戦略プロセス研究について考察していこう．

(2) リエンジニアリングから実践へ

1990年代初頭に登場したリエンジニアリングの概念は，戦略における「ギャップ」についての考察を伝統的な政策研究や計画研究の考え方と同じ立場から推し進めたものである．ここでは，組織目的から戦略が導かれ，戦略から組

織の業務遂行プロセスが導かれる一連の合理的なシステムとして組織を再設計する論理が展開されている．リ"エンジニアリング"という言葉に示されるとおり，工学的な観点から組織を再設計する取り組みが同研究の視点である．

　この論理の中では，組織の業務プロセスは実際に仕事をする以前の段階ですべてが明らかになっており，それゆえに論理的に設計可能であるという前提が存在している．いうなれば，旧来の政策研究や計画研究の考え方を強力に推し進めることによって，ギャップを克服しようとしたものである．確かに，企業組織の中での会計処理の仕方などは，こうしたエンジニアリング的発想から設計することは可能な部分はあるだろう．そして，この前提に立てば，戦略が策定されてもそれが実行されないのは，戦略が合理的・論理的に実行されるシステムが組織に設計されていないためであると説明される．つまり，彼らの立場からすれば，正しい戦略であっても，それを正しく理解して実行しないことがギャップを生み出す原因だということになる．それゆえ，この考え方はBPR（Business Process Reengineeringの略）などと3文字経営用語のひとつとして，コンサルティングの現場でよく用いられている．だが，ギャップを生み出す要因に対するこのような理解は本当に妥当なものといえるのだろうか．

　この点に対し，実践の立場から問題提起を行った研究者にブラウン＝ドゥグッド（Brown and Dugid, 2000）がいる．彼らは，オーア（Orr, 1990）によるコピー機のメンテナンスを行うエンジニアたちの観察を行った研究から，このギャップは実践には不可避であるばかりか，非常にポジティブな意味ももつことを指摘している．コピー機のメンテナンスの方法は，会社の作成したマニュアルに記載されている．したがって，リエンジニアリングの発想からすれば，そのマニュアルに則ってどれだけ効率的に作業ができるかが重要である．しかし，コピー機はそれぞれ使用状況や部品ごとの経年劣化の程度，設置環境などさまざまな要因が積み重なって，一台一台，機械ごとの「個性」が存在している．そのため，修理を行う場合は，マニュアルはあくまでも修理という実際の行いのための手がかりのひとつにすぎず，それぞれの機械の状態との対話の中か

ら，即興的な工夫をしつつ行われていくのである．また，エンジニアたちはコピー機の個性に対する深い洞察を普段の何げないエンジニア同士のコミュニケーションの中から獲得していく．こうした日常の何げない行いを通じて，エンジニアはコピー機のメンテナンスを行うことが可能になるのである．逆にいえば，実践から離れたところで「正しい」とされる業務設計は，人間行為の直面する状況の複雑さをまったく考慮に入れていないため，強固にその考えを推し進めることは，直面する状況への不適合をもたらすことになる．

このような違いをもたらすのは，コピー機がどのように設計されているのか，ということと，そのコピー機がどのようなもので，どのような問題を抱えているのかをメンテナンスの中から理解していくこととの間には，ものごとの見方について大きな違いが横たわっているからである．前者の観点はリエンジニアリングの観点であり，マニュアルからはずれることは，本質的に無駄や間違いであると考える．一方，後者は実践の立場に立つもので，マニュアルが想定するように，事前に論理的に把握できるほどものごとを行うことは単純ではないと考える．人間が行為を形成する場合には，さまざまな状況や状況の中にある多様で即興的な行いが不可欠であり，それがものごとを行うことを可能にすると考える．前者の立場に立てば，形式的な知識と実際の行いとのギャップは問題として存在することになるが，後者の立場に立てば，同じギャップも適応の結果であると捉えられるのである．S-as-P の立場は，後者に即したものであり，人びとが日々の何げない行い（すなわち，実践）の中で，いかに戦略を実際に行っているのかを見ようとする研究であるといえるだろう．

(3) 戦略プロセス研究から実践としての戦略へ

戦略プロセス研究とは，バーゲルマンやミンツバーグに代表される研究パースペクティブで，1970 年代終わりから 1980 年代を中心に展開され，後にクリステンセン（Christensen, 1997）やバーゲルマン（Burgelman, 2002）に引き継がれた戦略論研究のひとつのパースペクティブである．同研究パースペクティブ

では，政策研究や計画研究のように，よりよい戦略を策定するための理論開発をするのではなく，組織の中でどのように新しい戦略が生み出されるのかを明らかにしようと試みてきた．その中で，形式的な知識と実現される戦略とのギャップは，「策定される戦略」と「実現される戦略」との間のギャップとして捉えられている．

この考え方を明確に示したのは，ミンツバーグ（Mintzberg, 1978）である．彼は，戦略は策定者による熟考の中から生み出される意図された戦略（intended strategy）と実現された戦略（realized strategy）の間にはギャップがあることを発見した．そしてこのギャップを説明するために，未実現戦略（unrealized strategy）と同時に，創発的戦略（emergent strategy）の概念を示したことはよく知られている．創発的戦略とは，実際に戦略を行っている中から生じてくる戦略のことであり，これは意図された戦略の策定時点では考慮に入っていなかったことが実行の中からわかってきたり，環境が実行の過程で変化していく中で即興的に対応することが必要となったりする中で生じてくるとされている．ミンツバーグは，このような観点から，戦略とは行為の一連の流れのパターンとして捉える視点を提示している．

もう一人の戦略プロセス研究の代表的研究者であるバーゲルマンは，1983年の論文（Burgelman, 1983）で，新しい戦略が生じる組織的プロセスのモデルを示している．この中で，新しい戦略が実行されるのは，組織的な資源配分（主に予算の配分）がなされた場合であることを指摘し，資源配分が行われる際には，ロワーレベルやミドルレベルのマネジャーが重要な役割を担っていることを明らかにした．ここからわかることは，戦略はトップマネジメントが熟考の結果生み出すのではなく，組織のさまざまな階層にまたがった一連のプロセスを通じて形成されるということである．また，トップマネジメント主導で戦略を転換しても，ミドルマネジャーレベルで，新しい事業に対する評価がなされない結果，資源配分が行われず，実際には戦略が変わらないこともある点を指摘する．とりわけ，まったく新しい事業領域であれば，成功のリスクは高

く，旧来の資源配分ルールで事業を展開してきたミドルマネジャーからすると，新しい事業機会を十分に認識することは難しい場合がある．したがって，単に戦略が変わったからといって，組織の実際の行動が変わるとは必ずしもいえないのである．ここからも，策定された戦略と実現される戦略との間にはギャップがあることが示されている．

　ミンツバーグの戦略に対する考え方はS-as-P研究に対して大きな影響を及ぼしている．彼は創発的戦略の概念を提示したことを通じ，行為の結果から戦略が生み出されることを指摘した．これによって，戦略を実際に行う側面の重要性を示唆した点は実践の考え方にもつながる重要な貢献であるといえる．戦略を行うことに伴う創発性とは，実際に戦略を行うことには不可避的に即興性が存在することを指摘しているとみることもできる．したがって，S-as-P研究の基本的な問題意識と，ミンツバーグの問題意識は近いといえるだろう．しかしながら，彼の研究の限界は，なぜ戦略が実行の中から創発するのか，それを説明する論理をもち得なかった点にある．その結果，指摘の重大さに比して，後の議論の発展があまりみられなかった．

　一方，バーゲルマンの研究では，新しい事業機会の認識から戦略転換に至るプロセスやトップ主導の戦略と実現される戦略との間のギャップを組織における資源配分から説明した点は，重要な論点であった．しかしながら，全社的（マクロ組織的）戦略形成プロセスに着眼するあまり，ロワーの組織単位レベル内やミドルマネジメントとロワーレベルのマネジャー，あるいは，ミドルマネジャーとトップマネジメントとの間のミクロのやりとりがどのように行われたのか，その中にはどのような工夫や知恵があったのか，その点については関心をあまり向けてこなかったことがわかる．

　S-as-Pの立場では，ミンツバーグの限界について，行為のパターンとしての戦略という考え方に内包されている問題点としてみられている（Jarzabkowski, 2005）．つまり，戦略を行為のパターンとしてみることは，戦略のマクロ的な動きに関心を置いており，戦略が生じる具体的な活動に対する関心が実際のと

ころは置かれていないのである.この点については,バーゲルマンが戦略形成プロセスについてマクロ的な視点に終始している点にも類似した問題点が指摘される.バーゲルマンもミンツバーグと同様,マクロ的な戦略の形成プロセスに関心を置いており,戦略が生じてくるミクロの活動には焦点を置いていない.一方,S-as-Pの立場からは,戦略とは生成過程(becoming)にある(Sztompka, 1991)と考えている.つまり,戦略はミンツバーグが指摘するようなパターンとして認識されるマクロ的な視点からもう一歩踏み込み,連続的な時間軸の上で繰り広げられる,何らかの到達点を志向した活動の流れの中のパターンとして考えられるのである.したがって,戦略の創発性を問うならば,パターンとして戦略をみることよりも,組織の実践から生じるさまざまな活動間の協調やぶつかり合いから生成するものとしてみる戦略化(strategizing)として考えることが妥当であろう.S-as-Pの立場からみれば,戦略は「あるもの」ではなく,組織の実践を通じて生成してくる存在であり,常に生成され続けている存在なのである.S-as-Pの観点から戦略をみた場合,それまでの戦略形成プロセス研究からさらに一歩進み,行為が生み出される組織の実践の連続性が研究の視野に入ることになる.すなわち,どのようにしてその行為が生じるのか,その行為が生み出される組織の中の人びとの集合がどのように構成されているのか,主体(とりわけ経営者)はいかなる活動をしているのか,そして,それらはどのような状況の中で結びつけられるのか,また,その結びつきがどのように主体を制約するのか,といった点である.これら戦略を巡って繰り広げられるさまざまな実践を明らかにすることをS-as-Pはめざしているといえるだろう.

(4) S-as-Pを学ぶために

前節まで簡単にS-as-Pの概念と目的を説明してきたが,では,具体的にどのような研究が展開されているのだろうか.以下では,S-as-Pをこれから学ぶ上で有用なS-as-Pの理論的立場や論点について整理した研究をいくつかあげ

ておく．

　代表的な研究にはウィッティントン（Whittington, 2003）やウィッティントン＝メリン（Whittington and Melin, 2003），ジャルザブコウスキー，バロガン＝サイドル（Jarzabkowski, Balogun, and Seidl 2007）の3つがあげられる．最初のウィッティントン（Whittington, 2003）は，S-as-Pのリサーチ・クエスチョンがあげており，S-as-P研究が何をテーマとしているのかを知る上で手がかりになる．次に，ウィッティントン＝メリン（Whittington and Melin, 2003）では，周辺理論との関連性が示されており，周辺研究との理論的関連性を知る上で有用である．名詞としての戦略（strategy）を動詞（戦略化：strategizing）にした研究といえばワイク（Weick, 1979）が組織（organization）から組織化（organizing）の概念を示した研究を想起するが，ワイクの研究との関係性の他，ギデンズ（Giddens, 1984）の構造化理論やポストモダンの思想，さらには経済学における補完性概念との関係性についても述べられている．ジャルザブコウスキー，バロガン＝サイドル（Jarzabkowski, Balogun, and Seidl, 2007）の2007年の論文は，研究雑誌『ヒューマン・リレーションズ』（*Human Relations*）の特集号の巻頭論文である．この論文では，S-as-Pに関係する諸研究をリストアップし，それら諸研究をリサーチ対象主体（e.g., トップマネジャー，コンサルタントとクライアント）と，リサーチ対象活動（e.g., 言説的活動，主体間のさまざまな実践），リサーチ対象のレベル（制度的レベル，意思決定レベル，企業レベル），方法論（e.g., エスノメソドロジー，ディスコース理論，センスメーキング理論）で整理している．S-as-Pで具体的に展開されている諸研究を知る手がかりとして有用であろう．

第3節　現代的意義

　S-as-P研究は，これまで戦略論研究の中で見過ごされてきた戦略を実際に行うことに対して関心を抱き，その日々の戦略の実践の中で何が行われているのかを明らかにしようとしている．確かにS-as-P研究は，これまでの戦略論研

究のように，戦略を策定したり，考えたりする上でのガイドラインを与えるものではない．しかしながら，われわれは「戦略」という概念を巡って「考える」ことにあまりに重点を置くあまり，「行う」ことがおろそかになってはいないだろうか．そして，正しく戦略が実行されないことを論理的な理解の不足という観点で切り捨ててはいないだろうか．S-as-P 研究は，旧来の戦略論研究に足りなかった人間行為に隠された暗黙知が実践の中で生み出され，共有されていく過程を観察することによって，われわれの日々の行いと戦略との目に見えないつながりを解き明かしていくことをめざしている．まさに現代的な問題意識の戦略論研究といえるだろう．

　しかし，こうした哲学的な関心に基づく研究は，ともすると，抽象的に過ぎるがゆえに，実務的なインプリケーションを欠くものと思われかねない．だが，ジョンソン，ラングレー，ウィッティントン＝メリン（Johnson, Langley, Melin and Whittington, 2007）は，むしろ「使える研究」をめざすものこそが S-as-P であると指摘している．これまでの研究は，われわれがその抽象的な理論を理解することを求めてはいるものの，それをどのように実践の中に埋め込んでいくのかは明らかにしてこなかった．これは，形式的な知識を体系化することに理論的関心が置かれてきたからにほかならない．それゆえに，理論は理解できても，実際には活かされないという，まさに本章で取り上げてきた「ギャップ」を理論の研究スタイルが生み出してきたのである．S-as-P では，形式的な知識ではなく，人びとの実践をもたらす暗黙的な知識を明らかにしようとしている．ここで明らかにされる内容を言い換えるならば，「どうやって」戦略を人びとの行いへと結びつけていけるのか，それを明らかにしようとしているのである（図表18―1参照）．こうした人びとを動かす暗黙知に対する関心は，近年の他の領域のマネジメント理論でもみられるものであり，たとえば，ストーリーテリングに関する研究（Brown, et al., 2004）などは典型的な研究だといえるだろう．とはいえ，S-as-P の研究はまだ始まったばかりである．現段階ではまだ理論的にもなじみのない考え方や抽象的な視点が多いのもまた事実で

ある．今後の研究展開を通じ，より理解しやすく，使える研究へと発展することが期待される．

参考文献

Andrews, K. R., *The Concept of Corporate Strategy*, Dow-Jones Irwin, Inc., 1971.（山田一郎訳『経営戦略論』産業能率短期大学出版部，1976年）

Ansoff, H. I. *Corporate Strategy*, McGraw-Hill, 1965.

Brown, J. S., and Duguid, P., "Organizational Learning and Communities-of-Practice: Toward a Unified View of Working, Learning and Innovation", *Organization Science*, Vol. 2, No. 1, 1991, pp. 40-57.

Brown, J. S., and Duguid, P., "Balancing Act: How to Capture Knowledge Without Killing It", *Harvard Business Review*, May-June, 2000, pp. 73-80.（西村裕之訳「知のダイナミズムと BPR の融合」『DIAMOND ハーバード・ビジネス・レビュー』第26巻，第8号，pp. 130-137, 2001年）

Brown, J. S., Denning, S., Groh, K., and Prusak, L., *Storytelling in organizations: why storytelling is transforming 21st century organizations and management*, Elsevier Butterworth-Heinemann, 2000.（高橋正泰・高井俊次監訳『ストーリーテリングが経営を変える：組織変革の新しい鍵』同文舘，2007年）

Burgelman, R. A., "A Model of the Interaction of the Strategic Behavior, Corporate Context, and the Concept of Strategy", *Academy of Management Review*, Vol. 8, 1983, pp. 61-70.

Burgelman, R. A., *Strategy is Destiny: How Strategy-Making Shapes a Company's Future*, Free Press, 2002.

Christensen, C. M., *The Innovator's Dilemma*, Harvard Business School Press, 1997.（伊豆原弓訳『イノベーションのジレンマ』翔泳社，2000年）

Giddens, A., *The Constitution of Society: Outline of the Theory of Structuration*, Polity Press, 1984.

Hammer, M. and Champy, J., *Reenginerring the Corporation: A Manifestation for Business Revolution*, Harper Business, 1993.（野中郁次郎監訳『リエンジニアリング革命』日本経済新聞社，1993年）

Jarzabkowski, P., *Strategy as Practice: An Activity-Based View*, Sage Publications, 2005.

Jarzabkowski, P., Balogun, J., and Seidl, D., "Strategizing: The Callenges of a Practice Perspective", *Human Relations*, Vol. 60, No. 1, 2007, pp. 5-27.

Johnson, G., Langley, A., Meling, L., and Whittington, R., *Strategy as Practice: Research Directions and Resources*, Cambridge University Press, 2007.

Lave, J., and Wenger, E., *Situated learning: Legitimate peripheral participation*, Cambridge University Press, 1991.（佐伯胖訳『状況に埋め込まれた学習―正統的周辺参加―』産業図書，1993年）

Mintzberg, H., "Patterns of Strategy Formation", *Management Science*, Vol. 24, 1978, pp. 934-948.

Orr, J., *Talking about Machines: An Ethnography of a Modern Job*, Cornell University Press, 1996.

Porter, M. E., *Competitive Strategy*, The Free Press, 1980.（土岐坤ほか訳『競争の戦略』ダイヤモンド社，1982年）

Sztompka, P., *Society in Action: The Theory of Social Becoming*, Polity Press, 1991.

Weick, K. E., *The Social Psychology of Organizing 2nd Edition*, Reading, Addison-Wesley, 1979.（遠田雄志訳『組織化の社会心理学　第2版』文眞堂，1997年）

Whittington, R., *What is Strategy, and Does it Matter?* Routledge, 1993.

Whittington, R., "Strategy as Practice", *Long Range Planning*, Vol. 29, No. 5, 1996, pp. 731-735.

Whittington, R., "The Work of Strategizing and Organizing: For a Practice Perspective", *Strategic Organization*, Vol. 1, No. 1, 2003, pp. 119-127.

Whittington, R., and Melin, L., "The Challenge of Organizing/Strategizing", In Pettigrew, A., Whittington, R., Sanchez-Runde, C., Van Den Bosch, F., Ruigrok, W., and T. Numagami, eds., *Innovative Forms of Organizing*, Sage Publication, 2004.

索引

あ 行

アージリス，C.　123, 193, 194
アベグレン，J. C.　86, 95, 97
雨傘戦略　137
アラインメント　196
　　──・マップ　187
ROI　86
RBV（資源ベースの戦略論，資源ベース論）　125, 159, 162, 195
アンソニー，R. N.　64
アンゾフ，H. I.　36, 45, 52, 88, 147, 148, 165, 203
安定技術　121
アンドルーズ，K. R.　11, 74, 160, 203
アントレプレナー学派　145
暗黙的な知識　210
位置　135, 137
5つの競争要因　102
5つのP　135
イニシアティブ　190
イノベーションのジレンマ　172, 176, 177, 180
イノベーションのテーマ　189
EBD（根拠に基づいた意思決定）　87, 88
因果の不明確さ　165
ウィッテントン，R.　201, 209, 210
ウェルチ，J.　87
受身型　117, 122, 123, 125
EVA　197
SIS　64
S-as-P　200, 209
SCPモデル　160
SCPパラダイム　101, 104
エンバイロメント学派　145
オーア，J.　204
応用技術　121
オペレーショナル・コントロール　64, 66-68
オリバー，C.　149, 156

か 行

外部指向のプロセス　66, 67
外部評価　60
ガヴェッティ，G.　181
学習と成長の視点　187, 189
拡大化戦略　59
価値ある資源　163, 164
価値連鎖→バリューチェーン
金のなる木　93, 95
カルチャー学派　145
ガルブレイス，J. R.　36
環境適応パターン　124
間接的アプローチの戦略　18
管理会計　68, 71
管理的意志決定　55
管理的問題　116
機会　78, 160
企業戦略　86
企業ドメイン　97
企業能力と資源　76, 77
企業の社会的責任　79
技術的環境　151
技術的変化　171
技術的問題　116
希少性　163
軌跡──持続的技術変化　173
軌跡──破壊的技術変化　173

ギデンズ, A.　152, 209
規範的同型化　154
規模の経済　103, 105
基本戦略　43, 102, 105
キャッシュフロー　89
キャプラン, R. S.　184
脅威　160
業界評価　45
強制的同型化　153
競争均衡　164
競争戦略　105
競争優位　101
競争要因　102
業務的意志決定　55
業務評価指標　190
クラウゼヴィッツ, C. P. G. v.　8, 70
クリステンセン, C. M.　171, 173, 205
クリステンセン, C. R.　74
グールド, M.　143
クーンツ, H.　70
経営計画　41, 131
経営情報システム　64, 72
経営政策　202
経営戦略　54, 75, 80, 132
経営方針　74, 160
計画　135
計画策定　139, 202
計画担当者　139
計画的戦略　136
経験曲線　90
経済戦略　78
経済レント　162
形式的な知識　210
ケイパビリティ　59
経路依存　165
ケース・メソッド　27
決定論　36
堅忍性　10
コア・ケイパビリティ　167, 169, 181
コア・コンピタンス　46, 167, 169

――論　125
コア・リジディティ　181
構造化　152
　　――理論　209
構造的意志決定　65
交地　5
合理性信仰　132, 134
コグニティブ学派　145
5事　4
個人的価値観　76, 78
コスト集中戦略　105
コスト・リーダーシップ　21, 105
　　――戦略　133
5P　137
個別戦略　43
コリス, D. J.　194
コングロマリット　59, 87
コンティンジェンシー理論　36, 37, 60, 115, 131
コンピタンス　59
コンフィギュレーション　134, 138
　　――学派　145

さ　行

サイドル, D.　209
財務会計　68, 70, 71
財務データへの偏重　184, 195
財務の視点　187
サイモン, H. A.　65, 115, 131
策略　135, 137
佐藤郁哉　156
差別化集中戦略　105
差別化戦略　105, 106
サランシック, G. R.　172
サル, D. N.　181
産業組織論　101, 160
参入障壁　102
参謀本部　15, 16
シアーズ・ローバック　29, 32
GM　29, 30
『持久戦論』　4
事業戦略　86

事業部制　28-30, 32
資源依存理論　172, 173, 179
事後合理性　133
自社能力の評価　45
市場開発　58
市場機会　76
市場浸透力　58
市場占有率→マーケット・シェア
市場マトリックス組織　122
自然や地形の有利　4
持続的イノベーション　173
持続的競争優位性　162, 166
持続的変化　172
死地　5
7計　4
実現された戦略　135, 206
実践　200, 202
　——コミュニティ　200
　——実践としての戦略　200
シナジー　59, 88, 97
　——効果　57
シニア・マネジャー　78
支配的連合体　36, 116, 118, 119, 123
社会的側面　76
社会的なコントロール　81
社会的な責任　79
社会的複雑性　165
ジャルザブコウスキー, P.　209
10学派　134
集権的職能別組織　122
集中　59
　——戦略　105, 107
重地　5
柔軟技術　121
将　4
将軍の有能さ　4
賞罰の公平さ　4
職能部（別）制　29, 32
職能別組織　30, 33
ショーン, D.　193, 194
ジョンソン, G.　210
ジレンマ　172

シングル・ループ学習　123, 193
新制度派　147, 148, 155
シンボル体系　151
垂直　59
　——統合　31, 34, 118
水平　59
スコット, W. R.　151
スタイナー, G. A.　41
スタンダード石油　29, 31, 32
ストーリーテリング　210
ストーク, G.　167
スノー, C. C.　114, 149
SWOT　74
　——分析　74, 83, 160
生産シナジー　59
精神的要素　10
生成過程　208
成長・拡大型　37
成長戦略　28, 88
成長ベクトル　57, 58
正当性　151
制度的環境　151
制度的同型化　152
製品開発　58
製品差別化　103
製品—市場範囲　57
製品—市場ミックス　56, 57
製品マトリックス　45, 94
セイルズ, L. R.　124
セグメント　105
ゼネラル・マネジャー　74, 82
セルズニック, P.　148
センゲ, P.　194
先行者優位　164
先行者利益　88
全社戦略　53, 86
戦術　9, 11, 19
戦争　8, 9, 11, 14
選択・集中型　37
戦闘　11
戦略　9-11, 14, 19, 29, 55, 101, 118, 201
戦略化　208

戦略家　139
戦略経営　60
戦略計画　41, 43, 49, 64, 100, 111, 184, 185
戦略事業単位　96
戦略的意志決定　55
戦略的計画　66, 68
戦略的選択　36
　　――論　36, 115
戦略的フィット　102, 109
戦略的ポートフォリオ　187, 196
戦略テーマ　189
戦略転換　181, 182
戦略ドメイン　120
戦略ファシリテーター　140
戦略フィット　110, 194
戦略マップ　187, 194
総合本社　30
争地　5
創発的戦略　136, 142, 143, 206
組織　166
組織学習　123
組織化理論　115
組織構造　151
組織フィールド　148, 154
即興性　207
『孫子』　3, 4

た　行

大戦略　19
代替可能性　163
タイプⅠ　122
タイプⅡ　122
タイプⅢ　122
タイプⅣ　122
多角化　26, 27, 58, 85, 96
　　――戦略　28, 29, 88
脱産業社会　52, 147
脱連結　155
ダブル・ループ学習　123, 193, 195
民の人心　4
短期志向の罠　98

探索型　117, 119, 122, 125
地　4
地域別事業部　34
チャイルド, J.　36, 115
チャンドラー, Jr. A. D.　26, 27, 54, 85, 115, 122, 147, 148
長期経営計画　27, 41
地理的要素　10
強み　78, 160
DSS　64, 65
定型的意志決定　65, 69
低コスト　105
ディマジオ, P. J.　152
テイラー, F. W.　131
デザイン学派　145
デュポン　29
天　4
展望　135, 137
ドゥグッド, P.　204
同型化　151, 154
同型性　148, 149
投資シナジー　59
ドラッカー, P. F.　26
トランスフォーメーション　139
トリプサス, M.　181

な　行

内部評価　60
ニッチ戦略　133
ネオ・コンティンジェンシー　115
ネサンソン, D. A.　36
ノートン　184

は　行

バウアー, J. L.　74, 172, 173
パウエル, W. W.　152
バーガー, P. L.　151
破壊的イノベーション　171, 173, 176, 180
破壊的変化　172
バーゲルマン, R. A.　124, 172, 181,

索引 217

205-207
パスカル, R. T.　132
ハードデータ　109
　──中心の戦略計画　111
花形　93
バーナード, C. I.　26, 68, 81
バーニー, J.　159, 161, 162
ハメル, G.　125, 194
バランスト・スコアカード　184
バリューチェーン（価値連鎖）
　102, 107, 108
バロガン, J.　209
パワー学派　145
販売シナジー　59
BSC　184, 190
非構造的意志決定　65
BCG（ボストン・コンサルティン
　グ・グループ）　85, 132, 203
　──レポート　143
非実現戦略　136
ビジネス・ポリシー　27
非定型的意志決定　65, 69
PPM（プロダクト・ポートフォリ
　オ・マネジメント）　85, 86, 98,
　100
　──分析　203
ヒューミント　6
標準化戦略　156
VRINモデル　163
風林火山　5
フェッファー, J.　172
武経七書　3
複数職能事業部　34
物理的要素　10
武徳　10
部分最適化の罠　86
ブラウン, J. S.　204
プラハラード, C. K.　125, 167, 194
ブランド忠誠心　106
プランニング学派　145
VRIOモデル　166
プロセス　202
　──学派　114

　──型戦略論　114, 125
　──志向　134
プロダクト・ポートフォリオ・マネジ
　メント→PPM
プロダクト・ライフサイクル　89,
　92, 93
分権的事業部制組織　122
分析型　117, 120, 122
兵術　11
兵の訓練度　4
ベル, D.　52
ヘンダーソン, B. D.　85, 90
法　4
防衛型　117, 118, 122
方針管理　185
法治性　4
ポジショニング　101
　──学派　145
ポスト・コンティンジェンシー
　115
ボストン・コンサルティング・グルー
　プ→BCG
ポーター, M. E.　21, 88, 100, 101,
　133, 154, 159-161, 167, 194, 201, 203
ポートフォリオ　98
ボトムアップ　47
本社機能　30, 31

ま　行

マーチ, J. G.　115
マイヤー, J. W.　151, 154
マイルズ, R. E.　114, 149
マイルズ, R. H.　124
負け犬　94, 96
マーケット・シェア　88, 92
マネジメント・コントロール　64,
　66-68
マネジメントシナジー　59
見える化　187
未実現戦略　206
三品和宏　97
MIS　64, 72

道　4
ミラー，D.　181
ミンツバーグ，H.　62, 109, 110, 124, 130, 194, 205-207
メリン，L.　212
毛沢東　4, 22
模倣可能性　164
模倣困難性　166
模倣的同型化　153
モルトケ，G. v.　13
モンゴメリ，C. A.　194
問題児　92, 94

や　行

山田真茂留　156
唯一最善の解　131
予算管理　192, 193
4つのP　202
弱み　160

ら　行

ラーニング学派　145
乱気流　52
ラングレー，A.　210
リエンジニアリング　203
リカード，D.　162
リーダーシップ　82
リデル・ハート，B.　18
ルックマン，T.　151
ルメルト，R. P.　36, 159
レナード—バートン，B.　181
ローレンス，T. B.　149, 156
ローワン，B.　151, 154

わ　行

ワイク，K. E.　115, 149, 152, 209
ワーナーフェルト，B.　159, 161

編著者

坪井　順一（つぼい　じゅんいち）
　　　　　専修大学大学院経営学研究科博士後期課程修了
現　職　文教大学情報学部教授
専　攻　経営学，経営管理論，消費者行動論
主要著書
『消費者のための経営学』新評論　1991年（共著），『現代の経営組織論』学文社　1994年（共著），『産業と情報化の知識』日本理工出版会　1995年（共著），『現代経営学』学文社　1998年（共著），『現代の経営組織論』学文社　2005年（編著），『現代の経営管理論』学文社　2000年（編著），『現代の経営組織論』学文社　2005年（編著），その他論文多数

間嶋　崇（まじま　たかし）
　　　　　専修大学大学院経営学研究科博士後期課程単位取得修了
現　職　広島国際大学医療福祉学部医療経営学科専任講師
専　攻　経営学，経営組織論
主要著書
『経営学検定試験公式テキスト① 経営学の基本』中央経済社　2003年（共著），『現代の経営組織論』学文社　2005年（共著），『組織不祥事―組織文化論による分析』文眞堂　2007年，『病院管理』メディカルエデュケーション　2008年（共著），その他論文多数

経営戦略理論史

2008年4月1日　第一版第一刷発行

　　　　　　　　　編著者　坪　井　順　一
　　　　　　　　　　　　　間　嶋　　　崇
　　　　　　　　　発行所　㈱学　文　社
　　　　　　　　　発行者　田　中　千津子

〒153-0064　東京都目黒区下目黒3-6-1
電話(03)3715-1501　（代表）　振替 00130-9-98842
http://www.gakubunsha.com

落丁，乱丁本は，本社にてお取り替えします。　　印刷／亨有堂印刷所
定価は，売上カード，カバーに表示してあります。　　＜検印省略＞

ISBN 978-4-7620-1759-9
© 2008　TSUBOI Junichi, MAJIMA Takashi　Printed in Japan